Schriften des deutschen Vereins

für

Armenpflege und Wohlthätigkeit.

Achtzehntes Heft.

Ehrenamtliche und berufsamtliche Thätigkeit in der städtischen Armenpflege.

Leipzig,
Verlag von Duncker & Humblot.
1894.

Ehrenamtliche
und
berufsamtliche Thätigkeit
in der städtischen Armenpflege.

Von

Bürgermeister **Brinkmann** und Beigeordnetem **Zimmermann**

(Königsberg i. Pr.) (Köln a. Rh.)

Leipzig,
Verlag von Duncker & Humblot.
1894.

Alle Rechte vorbehalten.

Inhalt.

	Seite
Ehrenamtliche und berufsamtliche Thätigkeit in der städtischen Armenpflege, Referat von Bürgermeister Brinkmann in Königsberg i. Pr.	1—30
Korreferat des Beigeordneten Zimmermann (Köln)	31—69

Ehrenamtliche und berufsamtliche Thätigkeit in der städtischen Armenpflege.

Von Bürgermeister Brinkmann in Königsberg i. P.

Der Wortlaut des vorstehenden Themas stellt ebenso wie das Elberfelder System mit Recht die ehrenamtliche Thätigkeit in den Vordergrund. Denn wenn auch keine Armenverwaltung der Thätigkeit von Berufsbeamten ganz entbehren kann, sei es, daß diese nur leitend und organisierend wirken, oder daß ihnen eine weitere Mitwirkung an der Armenpflege, vielleicht sogar die endgültige Beschlußfassung über die zu gewährenden Armenunterstützungen vorbehalten ist, so kann doch auch umgekehrt die eigentliche Aufgabe des Elberfelder Systems: jedem einzelnen Verarmten die für ihn und seine Verhältnisse geeignete Hilfe angedeihen zu lassen, unmöglich von Berufsbeamten allein besorgt werden. Wo sollten wohl all' die erforderlichen Beamten herkommen? Und wo sollten die Mittel zu ihrer Besoldung hergenommen werden? Und da wiederum das Elberfelder System in fast allen größeren deutschen Städten seit längerer oder kürzerer Zeit eingeführt ist, so ist deshalb in all' diesen Städten eine einigermaßen geordnete Armenpflege nur denkbar: unter Heranziehung einer großen Zahl von freiwilligen und ehrenamtlichen Mitarbeitern, gleichviel ob ihnen eine größere oder geringere Machtvollkommenheit eingeräumt ist.

Deshalb, und weil eben „das reine Elberfelder System nur ehrenamtliche Pfleger kennt", prallen auch die Angriffe, welche ein mit Ln. bezeichneter Verfasser in der Nr. 25 der Blätter für sociale Praxis vom 21. Juni 1893 gegen die Thätigkeit der ehrenamtlichen Armenpflege überhaupt aus seiner Erfahrung an einem einzigen Ort heraus gerichtet hat, an dem Elberfelder System selbst so lange wirkungslos ab, als nicht nachgewiesen ist, welche Einrichtung sonst an seine Stelle treten soll und in welcher Weise den etwaigen Mängeln in der Geschäftsführung ehrenamtlicher Armenpfleger abgeholfen werden kann. Die von jenem Verfasser für einen folgenden Aufsatz in Aussicht gestellten Vorschläge sind mir bisher wenigstens nicht zu Gesicht gekommen. Auch das Urteil, welches jener Kritiker schnell bei der Hand hat, daß nämlich der von verschiedenen Seiten gemachte Vorschlag, den ehrenamtlichen Organen besoldete Aufsichtsbeamte an die Seite zu stellen und so den Mängeln des Systems abzuhelfen, von vornherein zu verwerfen sei, führt natürlich nicht weiter. Denn daß die gerügten Mängel vorkommen können und auch zuweilen wirklich vorkommen, daß die Sorgfalt mancher Armenpfleger hier und da etwas zu wünschen übrig läßt, soll nicht bestritten werden. Aber mit einer bloßen abfälligen Kritik, und ebenso mit der Behauptung, daß durch Einsetzung besoldeter Aufsichtsbeamten das grundlegende Princip durchbrochen werde, ist die Erörterung unmöglich abgethan. Es erscheint vielmehr nötig, zu untersuchen, ob nicht die solcher mangelnden Sorgfalt zuzuschreibenden Fehler in der Armenpflege durch geeignete Maßnahmen der Armenverwaltung, eventuell auch durch Einführung einer Kontrolle zu verhindern oder doch wieder gut zu machen sind. Und es ist deshalb dem Ausschuß des Deutschen Vereins für Armenpflege und Wohlthätigkeit zum hohen Verdienst anzurechnen, daß er diese wichtige Frage zur Besprechung für den nächsten Kongreß ausgewählt hat.

Welche praktischen Ziele eine nach Elberfelder System geordnete Armenpflege zu erreichen bemüht sein soll, darf wohl als ein für allemal feststehend angesehen werden. Da man aber, wenn man wissen will, wie die öffentliche Armenpflege am besten einzurichten ist, zunächst darüber klar sein muß, wie eine richtige Armenpflege beschaffen ist und wie sie wirken soll, so sollen diese Ziele hier dennoch in aller Kürze bezeichnet werden, um prüfen zu können, welche Fehler von ihnen ab- und welche Maßnahmen ihnen zuzuführen geignet sein möchten. Diese Ziele sind nämlich: auf der einen Seite: jedem wirklich Bedürftigen schnelle und wirksame, d. h. solche Hilfe angedeihen zu lassen, welche ihn, wenn irgend möglich, aus der Not, in die er geraten, befreit; auf der andern Seite: solchen Personen, welche die öffentliche Armenpflege ohne zwingende Veranlassung oder aus Arbeitsscheu oder Gewöhnung in Anspruch nehmen, die erbetene Unterstützung mit aller Entschiedenheit zu versagen, resp. die bereits gewährte Hilfe wieder zu entziehen und dadurch nicht bloß die Gemeindekasse vor unnötigen Ausgaben zu bewahren, sondern zugleich die zuletzt gedachte Sorte von Bittstellern auf den Weg der Arbeit und der Selbsthilfe zurückzuleiten.

Werden diese beiden Ziele von allen an der Armenpflege beteiligten Organen konsequent verfolgt, so kann sich daraus allmählich jene gerechte Verteilung der Mittel des Armenetats entwickeln, welche von jedem steuerzahlenden Bürger und mehr noch von den Armen selbst gewünscht werden müßte.

Werden sie dagegen auch nur von einem Teile der in der Armenpflege mitwirkenden Personen außer Acht gelassen, so kann es vorkommen, daß einerseits trotz stetigen Anwachsens des Armenetats viele Bedürftige ohne jede oder doch ohne die richtige Hilfe bleiben und daß andererseits die in reichlichem Maße gewährten Unterstützungen, weil sie an die unrechte Stelle gelangen, größeren Schaden als Nutzen stiften. Die Verweigerung der Hilfe da, wo sie angebracht wäre, und ihre Gewährung, wo sie nicht notwendig: das also sind in erster Linie die Fehler, welche zu begehen jeder sich hüten muß, der teil hat an der Ausübung der Armenpflege, sei es als Berufsbeamter oder in ehrenamtlicher Stellung als Armenbezirksvorsteher (Armenrat) oder als Armenpfleger, und alle Einrichtungen, welche eine städtische Armenverwaltung zur besseren Organisation ihrer Armenpflege trifft, müssen in erster Linie darauf hinzielen, sowohl den gedachten Fehlern möglichst vorzubeugen, als auch der Verwaltung selbst die Möglichkeit zu geben, die begangenen Fehler wieder gut zu machen, ehe noch weitere Folgen daraus entstehen. Aus dem hierauf gerichteten Bestreben erklärt sich hauptsächlich die große Verschiedenheit in der Organisation der einzelnen Armenverwaltungen. Fast alle Verwaltungen der größeren deutschen Städte sind nach und nach wenigstens insoweit zu dem Elberfelder System übergegangen, als sie nicht vom grünen Tisch aus und nicht nach bloßer Abhörung der Bittsteller, sondern erst nach stattgehabter Untersuchung ihrer häuslichen und wirtschaftlichen Verhältnisse zur Entscheidung über die Unterstützungsgesuche gelangen, und in fast allen deutschen Städten sind mit diesen Untersuchungen Personen aus der Bürgerschaft in ehrenamtlicher Thätigkeit beauftragt. Allein, je nachdem man diesen Personen mehr oder weniger Opferwilligkeit, größeres oder geringeres Verständnis für die Ziele einer geordneten Armenpflege zugetraut, hat man ihre Befugnisse ausgedehnt oder eingeschränkt, hat man ihnen die endgültige oder nur die vorläufige Beschlußfassung, ein Vorschlagsrecht oder nur allein die Prüfung zugestanden, hat man ihnen Sitz und Stimme in dem eigentlichen Armenkollegium eingeräumt oder versagt. Ueberall nun wird es äußerst tüchtige Armenräte und Armenpfleger geben und überall auch solche, die das Urteil nicht verdienen. In der Hand der ersteren wird ein reichliches Maß von Selbständigkeit gut aufgehoben sein, in der Hand der letzteren wird schon ein geringes Maß unter Umständen schädlich wirken. Da aber wiederum bei Schaffung von Armenordnungen und Geschäftsanweisungen für die Organe der Armenpflege auf Verschiedenheiten der beteiligten Personen unmöglich Rücksicht genommen, den einen Armenpflegern unmöglich größere Machtvollkommenheit als den anderen gegeben werden kann, so dürfte es sich von vornherein empfehlen, diese Machtvollkommenheit nicht weiter auszubilden, als dies unbedingt nötig, und soweit einzuschränken, als dies mit den Principien der Elberfelder Armenpflege irgend verträglich ist. Hätte man diesen Grundsatz überall stets festgehalten, hätte man mit der Durchschnittsnatur der Menschen mehr gerechnet und sich außer von idealen Vorstellungen auch von mehr praktischen Erwägungen leiten lassen, dann wären die allerdings bisher nur vereinzelten Klagen über die Mangelhaftigkeit des Elberfelder Systems, die freilich System und Personen verwechseln, vielleicht gar nicht laut geworden, und man hätte möglicherweise gar nicht nötig gehabt, die jetzt so häufig gehörte Parole auszugeben, es könne ohne Einführung einer schärferen Kontrolle nicht weiter gehen.

Die Frage nach der Zulässigkeit, richtiger wohl: Zweckmäßigkeit der Verwendung besoldeter Pflege- und Kontrollbeamten ist deshalb meines Erachtens nicht in erster Reihe zu erörtern. Sondern, weil diese Frage jedenfalls, worin auch der Herr Korreferent mit mir übereinstimmt, mit der allgemeinen Organisation des Armenwesens innig zusammenhängt, scheint es mir richtig, zunächst eine Untersuchung nach der Richtung hin anzustellen, ob nicht das ganze Armenwesen derart organisiert, die geschäftliche Handhabung aller Unterstützungsfälle so geregelt werden könnte, daß auch ohne Einsetzung von Kontollbeamten der gleiche Erfolg zu erzielen angestrebt wird, wie er durch Ausübung einer eigentlichen, schon wegen des Namens nie sehr beliebten „Aufsicht" erreicht werden soll.

Schon die Stellung, welche den ehrenamtlichen Organen der Armenpflege zur leitenden Stelle in der Armenverwaltung gegeben wird, ist wichtig genug, wenn es darauf ankommt, diesen Organen ihre Pflichterfüllung angenehm zu machen. Die Vorsitzenden der sogenannten Armenkommissionen, welche entweder den Titel Bezirksvorsteher oder Armenrat oder auch Obmann führen, haben in verschiedenen Städten, wie z. B. in Elberfeld selbst, zwar das Recht, an den Sitzungen der Armenverwaltung oder Armendirektion teilzunehmen, aber nicht die Befugnis mitzureden und mitzustimmen. Nur, wenn die Versammlung beschlußunfähig ist, kann der Vorsitzende einen oder mehrere Bezirksvorsteher unter Beilegung des vollen Stimmrechts zur Teilnahme berufen. Mir erscheint es dagegen durchaus geboten, daß die Bezirksvorsteher von vornherein Sitz und Stimme im Armenkollegium erhalten und daß sie im Falle der Behinderung das Recht haben, ihren Stellvertreter zu delegieren. Ja, wenn es sich irgend machen ließe, würde ich die Einrichtung zu treffen suchen, daß jeder Armenrat diejenigen Sachen, welche Arme aus seinem Bezirk betreffen, selbst vorträgt. Es bedarf meines Erachtens gar keiner besonderen Ausführung, daß erst eine solche aktive Anteilnahme an den Verhandlungen ein größeres und höheres Interesse an den Verhandlungsgegenständen wecken würde. Es ist aber auch aus anderen Rücksichten durchaus nötig, daß die Vorsitzenden der Armenkommissionen von dem, was in den Sitzungen der Armendirektion zur Verhandlung gelangt, sich durch ihre jedesmalige Gegenwart unterrichtet halten, und es ist auf ihr regelmäßiges Erscheinen nur dann zu zählen, wenn sie mit den übrigen Erschienenen gleichberechtigt sind. So sollen sie meiner Meinung nach jederzeit imstande sein, zur Rechtfertigung der etwa beanstandeten Beschlüsse ihrer Kommission das Wort zu ergreifen. Umgekehrt sollen sie selbst durch die Anführungen des Vorsitzenden, der übrigen Magistratsmitglieder und am besten ihrer eigenen Kollegen überzeugt und nicht blos überstimmt werden, wenn ihre Kommission unzutreffende Beschlüsse gefaßt hat. Endlich ist es entschieden von hohem Wert, daß sie, außer mit speciellen Unterstützungsfällen, auch mit Angelegenheiten mehr allgemeiner Natur, wie solche in den Sitzungen der Armendirektion zu beraten sind, z. B. mit der Prüfung und Begutachtung des Etats der Armenverwaltung, mit der Ausarbeitung von Geschäftsanweisungen und Hausordnungen, mit der Auswahl der Armenräte und Armenpfleger, bekannt gemacht werden, daß sie hierdurch selbst auf der einen Seite näheren Einblick in das ganze Gefüge der Armenverwaltung erhalten, auf der anderen Seite mit ihrer Erfahrung und ihrem Urteil der Verwaltung zu Hilfe kommen, und daß auf diese Weise unter den sämt=

lichen Mitgliedern der Armendirektion eine gewisse Kollegialität, das Bewußtsein der Zusammengehörigkeit und der gemeinsamen Arbeit und schließlich eine Übereinstimmung in den Grundsätzen der Handhabung der Armenpflege geschaffen wird, wie letztere zur Herbeiführung eines in allen Bezirken möglichst gleichmäßigen Armenpflegeverfahrens durchaus wünschenswert ist.

Nicht minder wichtig dürfte es sein, das gleiche Gefühl der Zugehörigkeit zur Verwaltung bei den Armenpflegern zu wecken. Durch ihre alljährlich nur einmal stattfindende Einberufung zu der meistens in den Armenordnungen vorgeschriebenen Generalversammlung ist in dieser Beziehung wohl wenig geschehen. Dagegen wäre vielleicht zu empfehlen, daß die der Armendirektion angehörigen Magistratsmitglieder ab und zu in die Kommissionssitzungen gehen und sich dort, wenn auch mit aller Reserve, an den zur Beschlußfassung über die einzelnen Unterstützungsgesuche führenden Beratungen beteiligen. In den Armenordnungen verschiedener Städte sind denn auch diese Besuche als wünschenswert vorgeschrieben.

Von großer Bedeutung ist natürlich eine richtige Auswahl der mit der ehrenamtlichen Armenpflege zu betrauenden Personen. Deshalb haben die meisten Armenordnungen die Bestimmung, daß Armenpfleger sowohl wie Armenräte auf Vorschlag der Armendirektion von der Stadtverordnetenversammlung zu wählen sind und daß die Auswahl der Armenräte stets aus dem Kreise der Armenpfleger zu geschehen hat. Alle irgendwie unlauteren Elemente sollen unter allen Umständen fern gehalten werden. Auch der Grundsatz ist allgemein verbreitet, daß widerwillige Personen nur ganz ausnahmsweise zur Übernahme eines Ehrenamtes in der Armenpflege gezwungen werden sollen. Von den Leistungen ehrenamtlich thätiger Personen pflegt man sich eben nur dann etwas zu versprechen, wenn sie die erforderliche Lust und die unerläßliche Opferwilligkeit für und in ihr Amt mitbringen. Deshalb hindert man bei uns in Königsberg Leute, die ihr Ehrenamt vor der Zeit los werden wollen, nur ungern an der früheren Niederlegung und behält umgekehrt Leute, die ihr Amt liebgewonnen haben und in deren Leistungen dies zum Ausdruck kommt, trotz Ablaufs ihrer Wahlperiode ohne Wiederwahl bei, obgleich dies Verfahren vielleicht mit den Vorschriften der Armenordnung nicht ganz übereinstimmt. Für eine besonders glückliche Idee halte ich die Ehrenbezeugungen, welche man z. B. in Barmen nach dem Verwaltungsbericht pro 1892 mehreren Vorstehern und Armenpflegern dadurch erwiesen hat, daß ihnen für ihre fünfundzwanzigjährige Wirksamkeit in der Armenpflege ein von der Armenverwaltung gestiftetes Gedenkblatt überreicht worden ist. In Breslau erhält jeder Distriktsvorsteher eine silberne Amtskette. Sein amtlicher Charakter wird durch ein Amtsschild an seiner Thür kenntlich gemacht. Von nur wenigen Armenverwaltungen wird übrigens meines Wissens darüber geklagt, daß es Mühe mache, für die Ausscheidenden bereitwilligen Ersatz zu finden.

Aus dem bisher über die Stellung der ehrenamtlichen Organe in der Armenpflege Gesagten wird, wie ich meine, hinlänglich zu entnehmen sein, daß wir bei uns in der Königsberger Verwaltung nicht bloß selbst hohen Werth auf die ehrenamtliche Thätigkeit legen, sondern daß wir auch wünschen, daß dies von der übrigen gesamten Bürgerschaft geschieht. Trotzdem herrscht bei uns die Meinung, daß den Armenräten und Armenpflegern zwar eine gewisse, aber doch nicht allzu große Selbständigkeit einzuräumen ist. Die Armenpfleger für sich allein sind überhaupt nicht berechtigt, Armenunterstützungen zu bewilligen. Doch können sie im Falle dringendster Not eine sofortige Unterstützung, ohne die Kommissionssitzung abzuwarten, bei dem zuständigen Armenrat beantragen und dieser dann eine solche Unterstützung, jedoch nur bis zum Höchstbetrage von 10 Mark, verabfolgen, wozu ihm auf seinen Wunsch ein eiserner Fonds zu Gebot gestellt wird. Für eine solche Unterstützung ist dann von der Armenkommission in der nächsten Sitzung die Genehmigung einzuholen. Außerdem darf der Armenrat selbständig, jedoch in der Regel auch nur nach Prüfung des einzelnen Falles durch einen oder mehrere Armenpfleger, Naturalunterstützungen bewilligen, wie freie ärztliche Behandlung, freie Arznei, Brillen, Bruchbänder, Bandagen und freies Begräbnis. Diese Bewilligungen sind dann ebenfalls in der nächsten Kommissionssitzung vorzutragen. Armengeldempfänger können sich auch direkt an ihren Armenarzt wenden, indem sie diesem die ihnen zugestellte Benachrichtigung über die ihnen bewilligte laufende Unterstützung vorlegen. Der Armenarzt hat seinerseits selbständig die nötigen Heil- sowie diätetischen Hilfsmittel der Kur, als Milch, Fleisch, Fleischbrühe, Bier und Wein zu verordnen, ebenso auch nach seinem Ermessen die Aufnahme in das städtische Krankenhaus zu veranlassen. Die Armenkommissionen dürfen endlich selbständig nur noch die ihnen von der Verwaltung zur Verfügung gestellten Suppen- und Holzkarten verteilen. Alle übrigen von der Kommission bewilligten Unterstützungen, und zwar sowohl die einmaligen als auch die laufenden bedürfen noch der Genehmigung durch den Magistratsdecernenten, dem zu diesem Zweck die Protokolle mit den bezüglichen Akten sofort nach den regelmäßig monatlich zweimal stattfindenden Kommissionssitzungen zur Durchsicht vorzulegen sind. Mir ist allerdings bekannt, daß das gleiche Verfahren nur noch in einzelnen anderen größeren Städten, wie z. B. Halle und Magdeburg besteht, und ich weiß, daß vielfach die Meinung vertreten wird, die Kollegialbeschlüsse der Armenkommissionen müßten endgültige sein, nur dann werde der Charakter der Elberfelder Armenpflege vollständig gewahrt. Aber der hieraus hergeleitete Meinungsstreit erscheint mir im Grunde ein ziemlich müßiger. Soweit gehen nämlich meines Wissens selbst diejenigen Armenverwaltungen nicht, welche, wie die Berliner, ihren Bezirkskommissionen die denkbar größte Selbständigkeit einräumen und ihnen sogar die Auszahlung der Unterstützungsbeträge überlassen, daß sie die Auszahlung gestatten, bevor noch die Bewilligungen zur Kenntnis der Verwaltung gelangt sind. Im Gegenteil schreibt auch die Berliner Geschäftsanweisung eine vorgängige Revision des nebst dem Protokoll, den Armen- und Pflegegeldlisten und den sonstigen Nachweisungen der Centralverwaltung einzureichenden Monatsberichts vor und diese Revision wird sich doch jedenfalls, wenngleich dies nicht ausdrücklich gesagt ist, auch auf eine Prüfung der Bewilligungen selbst erstrecken. Zum mindesten aber muß sich jede Armenverwaltung das Recht vorbehalten, in solchen Fällen, wo offenbar gegen die geltenden Grundsätze oder gegen den

Tarif verstoßen ist, die Beschlüsse, wenn auch nachträglich, zu beanstanden und auf Vortrag in der Armendirektion abzuändern. Ein Mehreres geschieht aber auch da nicht, wo die Beschlüsse der Bezirkskommissionen keine endgültigen sind. Auch der mit der Prüfung und Gegenzeichnung der Kommissionsbeschlüsse ausdrücklich beauftragte Decernent hat nach Ausweis aller von mir eingesehenen Geschäftsanweisungen keineswegs das Recht, die Beschlüsse, denen er seine Genehmigung versagen will, aus eigener Machtvollkommenheit aufzuheben oder abzuändern. Er hat vielmehr in jedem Fall, wo er entweder selbst die Beschlüsse und sei es auch nur in einem mehr nebensächlichen Punkt, z. B. in Bezug auf die Zeitdauer der Unterstützung, beanstandet oder wo diese Beanstandung bereits von dem Bezirksvorsteher erfolgt ist, in der nächsten Sitzung der Armendirektion Vortrag zu halten. Der betreffende Bezirksvorsteher erhält Gelegenheit den Beschluß zu rechtfertigen, weitere Aufklärung über die Verhältnisse zu geben oder auch die Sache zur nochmaligen Prüfung und Beschlußfassung durch die Kommission zurück zu erbitten und es kommt nicht selten vor, daß die gegenseitige Aussprache zu einem ganz anderen Resultat führt oder auch dem beanstandeten Kommissionsbeschluß recht giebt. Mir will es hiernach scheinen, als ob eigentlich zwischen endgültigen und nicht endgültigen Beschlüssen der Bezirkskommissionen kein rechter Unterschied in der Sache selbst besteht. Meiner Ansicht nach ist es sogar zweckmäßiger, daß die Armenverwaltung von ihrem Recht der besseren Einsicht sofort Gebrauch macht, ehe noch der Kommissionsbeschluß ausgeführt ist, als wenn der Arme sich möglicherweise bereits an den Bezug des Armengeldes gewöhnt hat und dann erst die Entziehung des Armengeldes beschlossen wird. Ist doch die erste öffentliche Armenunterstützung für den Unterstützten häufig der erste und entscheidende Schritt auf der abschüssigen Bahn zum völligen Verlust der Selbständigkeit! Ihn vor diesem Schritt zu bewahren, ist eine der heiligsten Pflichten jeder Armenpflege: „Zu weit getriebene Milde ist unverantwortliche Schwäche, die sich unfehlbar rächt. Die Unterstützung von nicht wirklich hilfsbedürftigen Personen weckt die Begehrlichkeit vieler und lähmt vielen den Entschluß zur Selbsthilfe. Es ist weniger schlimm, daß einmal das Gesuch eines Bedürftigen abgeschlagen wird, als daß das Verlangen eines Nichtbedürftigen befriedigt wird." In der Praxis zieht erfahrungsmäßig jede einmal bezogene noch so kleine Unterstützung fortwährende weitere und häufig unbegründete Gesuche nach sich. Deshalb ist nicht bloß die eingehendste Prüfung durch die ehrenamtlichen Organe, sondern auch eine strenge Nachprüfung durch die Armenverwaltung, namentlich für die erstmaligen Unterstützungsgesuche durchaus erforderlich. Auch den beschlußfassenden Organen muß es weniger unangenehm sein, zu einer Zeit korrigiert zu werden, wo aus ihrem Beschluß noch keine Folgen erwachsen sind, als erst später, wo sich vielleicht der entstandene Schaden nicht mehr gut machen läßt.

Die entgegengesetzte Erwägung muß erst recht zu demselben Resultat führen. Es wird schon an und für sich selten vorkommen, daß der prüfende Pfleger oder die beschließende Kommission ein härteres Herz hat, als der nachprüfende Decernent der Armenverwaltung. Kommt es dann aber einmal zur Bewilligung statt der beschlossenen Ablehnung, so wird der Fall auch sicher dazu angethan sein, und da ebenso wie zu große Milde auch eine zu große Hartherzigkeit schädlich wirken kann, so wird in der Sache selbst dem Armenwesen meistens auch in dieser Beziehung durch gründliche Nachprüfung mehr gedient sein, als ohne solche. Freilich sagt man, den Kommissionen werde durch die Nachprüfung die volle Verantwortlichkeit abgenommen, und das verstoße nicht bloß gegen den Geist des Elberfelder Systems, sondern sei auch geeignet, die Kommissionsbeschlüsse minder wertvoll zu machen. Hat denn aber jemals ein Richter deshalb, weil seine Urteile eventuell die Berufungsinstanz durchzumachen haben, die Anführungen der Parteien und die Sach- und Rechtslage des Prozesses weniger sorgfältig geprüft? Er ist im Gegenteil meistens nur noch gründlicher und peinlicher in der Abwägung des Für und Wider, weil er weiß, daß sein Urteil möglicherweise noch eine Nachprüfung durch einen zweiten Richter zu bestehen hat. Gerade durch solche und ähnliche Erwägungen wird gegenwärtig die Forderung der Berufung in der Strafrechtspflege begründet. In der That lehrt denn auch die praktische Erfahrung im Armenwesen, daß gerade die Nachprüfung auf eine noch sorgfältigere Prüfung, Beratung und Beschlußfassung in den Kommissionen hinwirkt. Gerade die Beanstandung und demnächstige Korrektur der Beschlüsse, zumal wenn der letzteren eine recht gründliche Beratung in der Armendirektion vorangeht, ist sehr heilsam. Natürlich wird es dabei auf den Takt des Referenten viel ankommen. Wenn es aber daran nicht fehlt und wenn der Referent es vermeidet, in seinem Vortrag dem beteiligten Kommissionsvorsitzenden zu schroff entgegenzutreten, so liegt gerade in diesem Verfahren eine vortreffliche Erziehung zur vollkommeneren Handhabung der Armenpflege, ein Satz, der sich geradezu dadurch beweisen läßt, daß die meisten Beanstandungen, wenigstens hier in Königsberg, bei den noch ungeübten, eben erst in ihr Amt eingetretenen Armenräten vorkommen, demnächst aber in der Regel seltener werden. Allerdings pflegt im Leben derjenige das größte Ansehen zu genießen, der die weiteste Machtfülle hat, und Armenrat resp. Armenpfleger können möglicherweise an Ansehen bei den Armen ihres Bezirks verlieren, wenn die Beschlüsse ihrer Kommission nicht immer gut geheißen werden. Aber dieser Umstand kann sie höchstens dazu nötigen, mit der Kundgebung ihrer Stellungnahme zu dem einzelnen Fall dem Petenten gegenüber recht vorsichtig zu sein; er wird sie hindern, Partei für oder gegen den Bittsteller zu nehmen, er wird sie zwingen, sich zunächst im Beisein des Hilfesuchenden auf eine gründliche Prüfung aller in Betracht kommenden Verhältnisse zu beschränken und den Fall in der Kommissionssitzung um so vorurteilsloser vorzutragen, und das alles kann wieder ihrem Verkehr mit den Armen ihres Bezirks nur dienlich sein. Und was schließlich die Wahrung des Princips der Elberfelder Armenpflege betrifft, so kommt es doch hauptsächlich darauf an, der Armenpflege die freudige Mitwirkung von ehrenamtlich thätigen Bürgern überhaupt zu sichern und damit die Thätigkeit, die andernfalls nur wenigen Berufsbeamten obliegen würde, auf eine ausreichende Zahl von Hilfskräften zu verteilen. Wie dieser Erfolg am besten zu erreichen, das dürfte nach lokalen Anschauungen, Traditionen und persönlichen wie sachlichen Verhältnissen fast in jeder Armenverwaltung verschieden abzumessen sein. Jedenfalls sind die Königsberger Armenräte und Armenpfleger mit der heute bestehenden Einrichtung, die ihnen nur eine geringe Souveränetät verleiht, durchaus zufrieden. Ob sie es aber sein würden, wenn man ihre Thätigkeit unter die Kontrolle besoldeter Aufsichtsbeamten stellen, ihre Kommissionsbeschlüsse dagegen von Anfang an zu vollgültigen erklären würde, erscheint mir mehr als zweifelhaft.

Zu erörtern wäre noch besonders in diesem Zusammenhange die Stellung der Armenpfleger zu ihren Bezirksvorstehern und ihre Thätigkeit im Bezirke ihrer Kommission.

Auch dies Beides ist verschieden geregelt. Fast durchweg sind zwar die Armenpfleger bezirksweise unter dem Vorsitz von Bezirksvorstehern zu Kollegien vereinigt, in denen durch Mehrheit Beschlüsse gefaßt werden. Nur Darmstadt hat meines Wissens und zwar auch erst seit dem 1. April 1894, an die Stelle der kollegialischen Bezirksversammlungen das System der Einzelpfleger unter Beigesellung von berufsmäßigen Armenaufsehern gesetzt. Während aber in Elberfeld und andern Städten die Bezirke schon von der Armenverwaltung in bestimmte, nach Hausnummern abgegrenzte Quartiere eingeteilt sind, in deren jedem ein Armenpfleger in der Weise funktioniert, daß sich alle Armen des Quartiers mit ihren Gesuchen an i h n zu wenden haben und e r sie anzuhören, ihre Verhältnisse zu prüfen und darüber zu berichten hat, gehen in einer Reihe anderer Städte sämtliche Unterstützungsgesuche, auch die im Bureau der Armenverwaltung aufgenommenen, zunächst an den Bezirksvorsteher, und dieser wählt in der Regel zwei Armenpfleger des Bezirks aus, welche entweder gemeinschaftlich oder n a c h einander durch persönliche Besuche und auf alle andere geeignete Weise das Bedürfnis zu prüfen und in der Bezirksversammlung Anträge zu stellen haben. Manche Armenordnungen, wie z. B. die Königsberger, schreiben noch besonders vor, daß die Armenpfleger bei der Untersuchung der Verhältnisse d e r s e l b e n Personen wechseln sollen.

Hier und dort ist die Absicht unverkennbar. Hier ist einzig und allein der praktische Gesichtspunkt maßgebend: vier Augen sehen mehr als zwei, und was sich dem forschenden Auge bei der ersten Prüfung entzogen hat, kommt bei späteren Untersuchungen durch n e u e Deputierte besser zu Tage. Dort herrschen mehr ideale Momente; dem Armen soll in seinem Pfleger ein Freund und Beistand an die Seite gesetzt werden, der auf ihn erzieherisch einwirkt, ihn wirtschaftlich wieder zu heben sucht und seinen Selbsterhaltungstrieb wieder neu belebt. Dazu bedarf es natürlich des ständigen Verkehrs des Pflegers mit den ihm unterstellten Armen, wie er z. B. in der Halberstädter Instruktion verlangt wird, wo es heißt: „Der Armenpfleger ist der nächste und unmittelbarste Vorgesetzte aller derjenigen Personen, welche innerhalb seiner Pflegerschaft Ansprüche auf öffentliche Armenunterstützung machen. Er soll das Auge der Armenverwaltung sein, welches in die dunkle Hütte der Armut dringt und hier das wahre Elend erforscht, das Ohr, welches die Klage des Armen nicht bloß hört, sondern auch prüft, der Mund, der für die wahrhaft Bedürftigen, aber auch nur für diese redet, und endlich die Hand, die aus den für wirklich Notleidende bestimmten Fonds die Gaben der Wohlthätigkeit empfängt und an die wahrhaft Bedürftigen verwendet. Dazu muß der Armenpfleger in steter Verbindung mit seinen Armen stehen, sie alle 14 Tage besuchen, mit offenem dem Elend zugänglichem Herzen und ihnen mit Rat und That zur Seite stehen." Welchem von diesen beiden in Vorstehendem zum Ausdruck gebrachten Systemen der Vorzug zu geben, ist meines Erachtens nicht so leicht und allgemein zu entscheiden. Nur das letztere entspricht überhaupt der idealen Vorstellung, welche sich der Schöpfer des Elberfelder Systems von der Einzelpflege des Armen gemacht hat, und zu diesem System gehört ohne Zweifel ohne weiteres der Grundsatz, daß jedem Armenpfleger nur eine kleine Anzahl von Familien oder Einzelpersonen, diese aber ständig zu überweisen sind. Diejenigen Armenverwaltungen, welche an diesen Grundsätzen nicht festhalten, haben allerdings nur ein „vermeintliches" Elberfelder System eingeführt. Aber bei nüchterner Erwägung drängt sich doch auch wieder die von mir schon oben betonte Frage auf, ob die heutige Lage der Dinge, der häufige Wohnungs- und Domizilwechsel gerade der ärmeren Bevölkerung der Fabrik- und Großstädte und eine gewisse, verkehrte politische Anschauung, insbesondere über die Verpflichtung der Kommune dem Einzelnen gegenüber ein allzu starres Festhalten an idealen Gesichtspunkten gestatten. „Was für physische Krankheit" sagt Seifert in seiner Schrift: Die Armenpflege der Zukunft „Klima und Atmosphäre, das ist für die Krankheit der Massenarmut der Volksgeist, die Richtung der Zeit und die aus ihnen sich ergebende politische Anschauung."

Um eine so innige Verbindung zwischen Pfleger und Verarmten zu ermöglichen, wie sie der Verfasser der Halberstädter Instruktion im Auge gehabt, dazu ist derjenige Teil der Bevölkerung, welcher nur vorübergehend der Armenpflege anheimfällt, der noch arbeitsfähig ist und den der Beistand des Pflegers wieder zur selbständigen Existenz zurückführen soll, nicht seßhaft genug.

Wer ständige Arbeit und darum auch ständige Wohnung hat, pflegt nur selten die Armenpflege in Anspruch zu nehmen. Der nichtständige Arbeiter fällt ihr eher zur Last. Er soll sich aber gerade, und zwar allerorten, wo er hoffen kann Arbeit zu finden, nach ihr umsehen. Weisen wir ihn doch selbst durch Schaffung und Centralisierung von Arbeitsnachweisen darauf hin, eventuell auch außerhalb Arbeit anzunehmen. Die in den letzten Jahrzehnten hervorgetretene Fluktuation der arbeitenden Bevölkerung wird hierdurch und durch andere Ursachen voraussichtlich noch mehr zunehmen, und damit ist dem gemütlichen und herzlichen Verkehr der Armen mit ihrem Pfleger mehr und mehr der Boden entzogen. Dazu kommt der von fast sämtlichen Armenverwaltungen in ihren letzten Jahresberichten konstatierte, stets zunehmende Leichtsinn, mit welchem zahlreiche Ernährer ihrer Familie, Väter und fast noch mehr uneheliche Mütter, ihre Angehörigen im Stich und der Fürsorge der Kommune überlassen, ein Leichtsinn, der zum großen Teil sicher jener schon berührten Auffassung entspringt, als sei die Kommune verpflichtet, ihnen diese Fürsorge abzunehmen, als sei die Arbeit nur ein Frondienst, den man nach Belieben abschütteln könne und nicht auch die Erfüllung einer ethischen Pflicht. Gerade für Einzelfälle solcher Leichtfertigkeit war die Einzelfürsorge des Elberfelder Systems berechnet. Persönlicher Zuspruch sollte die Pflichtvergessenen zur Pflichterfüllung zurückführen. Das hat sich vollständig geändert. Der ungeheure Verkehr mit seinen sonstigen Segnungen für die ganze Menschheit hat das notwendige Übel im Gefolge gehabt, daß treulose Familienväter und treulose Mütter sich mit Leichtigkeit jeder persönlichen Einwirkung dauernd entziehen, und persönliche Vorstellungen und Ermahnungen pflegen meistens vergeblich zu sein.

Nachdem man deshalb in Preußen aus echter Humanität die Möglichkeit, die versäumten Pflichten durch Zwangsarbeit zu erzwingen, vor einigen Jahrzehnten beseitigt hat, kommt gegenwärtig wohl im ganzen Deutschen Reich die Einsicht zurück, daß ohne diesen Zwang nicht auszukommen ist. Damit ist ebenfalls die erzieherische Thätigkeit der Armenorgane zum mindesten in Frage gestellt, und es bleibt für diese Thätigkeit meist nur die weit undankbarere Aufgabe der Prüfung und der Abhilfe der Bedürftigkeit, während die Armenverwaltung selbst durch Straf= und andere Anträge den Kampf mit der Pflichtvergessenheit und Böswilligkeit zu führen genötigt ist.

Immer mehr wagen sich deshalb im Zusammenhange mit diesen durch die ehrenamtliche Thätigkeit nicht zu beseitigenden Übelständen und mit der dadurch in hohem Grade herbeigeführten Belastung der Armenetats Zweifel daran hervor, ob es richtig ist, den ehrenamtlichen Organen mehr zu überlassen, als ihnen zu thun notwendig überlassen werden muß. Es soll durchaus nicht geleugnet werden, daß es zum System der Elberfelder Armenpflege gehört, auch die Verteilung der Armenunterstützungen den Personen in die Hand zu geben, denen die Prüfung, Berichterstattung und wenigstens vorläufige Bewilligung obliegt. Nicht so zweifellos ist die Zweckmäßigkeit der Belastung der ehrenamtlichen Organe mit der Aufnahme der Unterstützungsgesuche oder der Abhörbogen, wie überhaupt mit vielem Schreibwerk.

Sehr interessant ist in dieser Hinsicht eine Stelle aus einem der letzten Jahresberichte der Armenverwaltung zu Frankfurt a. M. Auch dort wird ausgeführt, daß besonders in den größeren Städten die Voraussetzungen des Elberfelder Systems sich vielfach geändert haben. Die Armenunterstützungen beträfen häufig solche, die als Zugereiste oder aus der früheren Wohnung Exmittierte dem Armenpfleger ganz unbekannt seien, oder liederliche und verwahrloste Personen, die er notgedrungen unterstützen müsse, denen er aber unmöglich Teilnahme schenken könne. Weitere organisatorische Änderungen in der Armenpflege seien deshalb darauf zu richten, die Arbeit der Armenpfleger auf jene stete Überwachung der unselbständigen Unterstützten zu konzentrieren und ihnen die Unterstützung jener anderen Personen sowie die für die Armenverwaltung unerläßlichen formalen Arbeiten — Feststellung des Unterstützungswohnsitzes u. s. w. — thunlichst abzunehmen. Ihnen solle deshalb nur noch die Ausfüllung eines kurzen bogens übertragen werden; demnächst solle der Unterstützte zur näheren Vernehmung vor das Armenamt vorgeladen werden. Ebenso hat man in Kiel schon seit dem Jahr 1887 die umfangreiche Buch- und Rechnungsführung in Bezug auf die in der öffentlichen Armenpflege Unterstützten den Bezirksvorstehern abgenommen und dem Armenbureau übertragen. Diesen Ausführungen stimme ich für meinen Teil durchaus zu, weil sie der Notwendigkeit der Verhältnisse Rechnung tragen, die eben stärker sind, als der menschliche Wille. In einer ganzen Reihe von Städten, darunter auch in Königsberg, wo die Armenpflege seit dem 1. Oktober 1887 neu organisiert ist, hat man denn auch von Anfang an nicht zuviel Opferfreudigkeit von den Armenräten und Armenpflegern beansprucht und ihnen, obgleich in früherer, allerdings viel weiter zurückliegender, Zeit jede der damaligen 9 Armenkomissionen ihren eigenen Etat und ihre eigene Kassenverwaltung gehabt hatte, weder die Auszahlung der Unterstützungsbeträge an die Armen- und Pflegegeldempfänger noch auch die Aufnahme schriftlicher Unterstützungsgesuche aufgetragen. Die Auszahlung der Armen- und Pflegegelder geschieht vielmehr an einer Nebenstelle der Stadthauptkasse, jedoch erst, nachdem die immer nur über einen Monatsbetrag lautende Armen- oder Pflegegeldkarte durch einen Armenpfleger mit dem Vermerk versehen ist, daß gegen die Auszahlung nichts zu erinnern sei, und sämtliche Vernehmungen von Petenten einschließlich der Anträge aller Art werden im Bureau der Armenverwaltung, wo natürlich allein für diesen Zweck stets hinreichende Arbeitskräfte bereit sein müssen, zu Protokoll gegeben. Ja, seit einer Reihe von Jahren schickt die Armenverwaltung in die Kommissionssitzungen Büreaubeamte, welche dort das Sitzungsprotokoll führen, die Armengeldlisten sowie die sonstigen Nachweisungen anfertigen, die Unterstützungskarten ausschreiben und die von dem Armenrat nur zu unterzeichnenden Berichte an die Armenverwaltung entwerfen. So bleibt den ehrenamtlichen Organen nur die eigentliche Berichterstattung über die einzelnen von ihnen untersuchten Unterstützungsfälle, die Beschlußfassung selbst und die Aufzeichnung der in der Kommissionssitzung gefaßten Beschlüsse, und auch diese Thätigkeit erfordert noch volle Hingebung an ihr Ehrenamt. Nicht zum kleinsten Teil wird dieser weitgehenden Erleichterung der ehrenamtlichen Thätigkeit die Thatsache in Rechnung zu stellen sein, daß es mit geringen Ausnahmen, die zumeist auf ärmere und entlegenere Bezirke entfallen, nicht schwer fällt, den Abgang von Armenräten und Armenpflegern mit geeigneten Personen zu ersetzen und daß ein großer Teil von ihnen das einmal übernommene und, weil nicht zu mühevolle, auch liebgewordene Amt nur aus zwingenden Gründen wieder niederlegt. Würde man umgekehrt bei uns in Königsberg den Armenpflegern die Aufnahme der Unterstützungsgesuche zu Protokoll zumuten oder gar den Armenräten, wie dies bei der direkten Auszahlung der Unterstützungen nicht anders sein kann, neben Führung ihrer Listen und Nachweisungen noch die Verantwortung für eine nicht unerhebliche Kasse, schwierige Abrechnungen u. dergl. aufbürden, so würde nach der Überzeugung aller Eingeweihten die Schwierigkeit der ununterbrochenen Besetzung der Ehrenämter viele Mühe verursachen.

Mit Recht ist von den Anhängern des Elberfelder Systems, so z. B. auch in einem Vortrag, welcher im Jahre 1858 von dem damaligen Oberbürgermeister der Stadt Elberfeld, Namens Lischke, in Hamburg gehalten und in dem Böhmert'schen Werk: „Das Armenwesen in 77 deutschen Städten" wiedergegeben ist, darauf hingewiesen, daß man keinem Menschen, auch wenn er vom lebendigsten Eifer beseelt ist, mehr zumuten solle, als er auf die Dauer ohne Überanstrengung seiner Kräfte und ohne Vernachlässigung seiner eigenen Pflichten verrichten könne, andernfalls könne die Erschlaffung oder das allmähliche Zurücktreten hinter jene andern sich mit Recht wieder geltend machenden Pflichten nicht ausbleiben". Freilich bezweckt dieser Hinweis mehr und eigentlich die Beweisführung dafür, daß es nötig sei, den Geschäftskreis der Armenpfleger auf die Sorge für eine möglichst kleine Zahl von Familien oder Einzelstehenden zu beschränken. Allein, sollten diese Rücksichten nicht überall gelten, wo es darauf ankommt, die ehrenamtlichen Pflichten so zu bemessen, daß sie gern und freudig erfüllt werden? Eine Überlastung nach der einen Seite wirkt genau so nachteilig, wie zu große Anforderungen auf der anderen Seite. Man sollte deshalb wirklich nach dem Beispiel von Frankfurt a. M., ehe man an dem ganzen Elberfelder System verzweifelt, den Versuch machen, die ehrenamtlichen Organe von allen schriftlichen Arbeiten und Kassengeschäften soviel als möglich zu entlasten. Besser einige, wenn auch nicht wünschenswerte, so doch notwendige Änderungen, als daß der Grundgedanke der ehrenamtlichen Thätigkeit und der Individualisierung verloren geht!

Und sollte nicht die Auszahlung aus der städtischen Kasse direkt an die Armen oder die Entgegennahme der Unterstützungsgesuche im Bureau der Armenverwaltung auch erkennbare Vorteile aufweisen? „Es liebt die Welt, das Strahlende zu schwärzen", und vor solchen Personen, welche sich in Ehrenstellungen befinden, pflegt die Verleumdung und die Klatschsucht erst recht nicht Halt zu machen. Noch dazu sind Mißverständnisse nicht ausgeschlossen, welche sehr leicht zu Verdächtigungen führen können. Der geringste Argwohn erschüttert aber das vollste Vertrauen. So angesehen, liegt es vielleicht im eigensten Interesse der ehrenamtlichen Organe, wenn man ihnen die Gelder der Armenverwaltung überhaupt nicht anvertraut, ganz abgesehen von Fällen wirklicher Untreue, die, wenn sie vorkämen, das Vertrauen zu dem ganzen Institut der ehrenamtlichen Armenpflege völlig erschüttern würden. Andererseits bieten die von den Hilfesuchenden im Bureau der Armenverwaltung zu Protokoll gemachten Angaben dem Armenpfleger zum mindesten einen bequemen Anhalt für die von ihm anzustellenden Ermittelungen. Er weiß schon aus dem Protokoll, worauf es bei der Untersuchung hauptsächlich ankommt. Er kann vergleichen, ob und in wieweit die Angaben des Petenten mit der Wirklichkeit übereinstimmen oder etwa von der Wahrheit abweichen. Er kann schon unterwegs bei Nachbarn und Bekannten erfahren, ob die Not wirklich so groß oder übertrieben, welche Hilfe am geeignetsten sein möchte, und ob es Leute sind, welche Hilfe verdienen oder sie mißbrauchen möchten, ja er kann vielleicht für den arbeitsfähigen Arbeitslosen, da er die Ursache der

Hilfsbedürftigkeit schon kennt, gleich Arbeitsgelegenheit ermitteln und so den Eintritt der Armenfürsorge und ihrer Folgen überhaupt, verhüten. All' das ändert sich, wenn der Armenpfleger genötigt ist, die notwendigen Angaben sich erst an Ort und Stelle machen zu lassen, deren vorherige Aufzeichnung ihn mindestens erst später zu seiner eigentlichen Aufgabe: der gründlichen Prüfung kommen läßt.

Kann so, wie ich gezeigt zu haben glaube, durch zweckentsprechende Organisation der Armenpflege im allgemeinen einerseits die Thätigkeit der ehrenamtlichen Organe vereinfacht und andererseits die Erreichung ihrer eigentlichen Zwecke mehr gesichert werden, so kann dieses Ziel weiterhin auch noch durch besondere Einrichtungen und Vorschriften angestrebt werden, wie solche auch thatsächlich von den einzelnen Armenverwaltungen aus der täglichen Erfahrung und aus dem praktischen Bedürfnis heraus getroffen sind und täglich neu getroffen werden. Allerdings werden solche Maßnahmen meistens eine einseitige, sozusagen fiskalische Richtung dokumentieren. Aber einmal erklärt sich dies leicht aus der Verantwortlichkeit eines jeden Leiters einer größeren städtischen Armenverwaltung, welche ihn ganz von selbst zur gewissenhaftesten Haushaltung mit den etatsmäßigen Mitteln nötigt, und zweitens wird gerade dem Elberfelder System überall, wo es neu eingeführt ist, zugleich mit einer zweckmäßigeren Verteilung der Gaben auch besonders eine nicht unbedeutende Entlastung des gesamten Armenetats nachgerühmt. Und deshalb gehören derartige zielbewußte Maßregeln so recht eigentlich zu einer vollkommeneren Ausgestaltung der modernen Armenpflege, und ihre Besprechung ist hier umsomehr am Platze, als ihre sorgfältige Handhabung ganz von selbst zu einer schärferen Kontrolle der Wirksamkeit aller an der Armenpflege beteiligten Organe hinführt oder aber eine anderweite Kontrolle möglichst zu ersetzen geeignet ist.

In erster Reihe steht hier wohl die Beschaffenheit der sogenannten Fragebogen, deren Anwendung schon durch § 30 des Unterstützungswohnsitz-Gesetzes geboten ist. Es ist selbstverständlich, daß die Reihenfolge der Fragen so übersichtlich wie möglich geordnet sein muß, daß außer allem, was die spätere Feststellung der Identität der unterstützten Personen ermöglicht, ihr Unterstützungswohnsitz, ihr Gewerbe sowie ihre Beschäftigung in den letzten Zeiträumen, ihr Arbeitsverdienst resp. ihre sonstige Einnahme, die Ursache des Eintritts der Hilfsbedürftigkeit, auch die alimentationspflichtige Verwandtschaft genau zu erörtern sind. Dabei aber dürfte es sich empfehlen, die Kinder, welche sich noch im fürsorgepflichtigen Alter befinden oder doch den Hausstand der Eltern teilen und diejenigen, welche bereits selbständig sind, mit Angabe ihres Berufs und ihres Einkommens getrennt aufzuführen, das Mietsverhältnis des Petenten sowie die von ihm gezahlte Miete festzustellen, auch einen etwaigen ärztlichen Befund über die Arbeits- und Erwerbsfähigkeit des Petenten und zum mindesten auch seines Ehegatten mit aufzunehmen. Sehr praktisch will es mir scheinen, daß auf einer besonderen Seite des Frageformulars eine vollständige Nachweisung aller, sei es aus Armenfonds oder aus milden Stiftungen

u. dergl. gewährten Unterstützungen, gegeben wird, daß von dem zweckmäßig an die Spitze der Unterstützungsakten zu heftenden ausgefüllten Fragebogen ein völlig übereinstimmendes Duplikat — in Hamburg und in Leipzig hat man für den Gebrauch des Pflegers ein vollständiges Personalbuch für jeden voraussichtlich dauernd Unterstützten angelegt — im Besitz des betreffenden Armenrats resp. Armenpflegers sich befindet, der natürlich dies Duplikat im Falle eines Verzuges des Armengeldempfängers in einen andern Bezirk dem Vorsteher dieses Bezirks zu übermitteln hat, und daß von Zeit zu Zeit eine Revision und eventuelle Berichtigung, besser wohl noch eine vollständige Erneuerung des Fragebogens stattfindet. Endlich wird es unumgänglich notwendig sein, daß etwaige Ansprüche an Kranken= oder Sterbe= und Begräbniskassen, sowie auf Unfall= und auf Alters= und Invaliditätsrenten in gesonderten Rubriken möglichst gründlich zur Erörterung gelangen. Ein in allen diesen Punkten sorgfältig ausgefüllter und stets auf dem Laufenden erhaltener Fragebogen wird allen Beteiligten stets gute Dienste leisten und manchen Mißgriff verhüten.

Wer mitten in der Praxis steht, wird ferner wissen, wie schwer es oft namentlich den Unfallrentenberechtigten gemacht wird, zu ihrem Recht zu gelangen und wie wenig oft die Rentenberechtigten aller Art ihre Rechte mit Erfolg wahrzunehmen verstehen. Der juristische Decernent der Armenverwaltung wird sich mitunter die Mühe nicht verdrießen lassen dürfen, derartige Ansprüche selbst zu verfolgen und geeignetenfalls auch die Termine vor dem betreffenden Schiedsgericht persönlich wahrzunehmen. Aus Anfragen anderer Armenverwaltungen glaube ich entnehmen zu dürfen, daß dieselben wenigstens mit dem Gedanken umgehen, Armengeldempfängern, die noch teilweise erwerbsfähig sind, Arbeitsgelegenheit auf gewisse Zeiten zu dem Zweck zu verschaffen, um ihnen Ansprüche auf Alters= oder Invaliditätsrente erwerben zu helfen. Alles dies dürfte zweifellos zulässig sein; fraglich dagegen, ob es erlaubt ist, Arbeitern nachträglich die fehlenden Quittungsmarken einzukleben. Unbestreitbar nützlich und einbringend ist es aber, weiterhin durch geeignete Mittel dafür zu sorgen, daß die Armenverwaltung sofort davon Kenntnis erhält, wenn einer von ihr unterstützten Person eine Rente irgend welcher Art bewilligt wird. Zu diesem Behuf haben wir z. B. in Königsberg die Einrichtung getroffen, daß schon von jedem Antrag auf Bewilligung einer Alters= oder Invaliditätsrente der Armenverwaltung Nachricht zugeht, und es ist dann Sache der Armenverwaltung, festzustellen, ob der Antragsteller Unterstützung bezieht, und sich zutreffendenfalls mit der Versicherungsanstalt wegen weiterer Benachrichtigung und auch zugleich wegen Erstattung des Geleisteten in Verbindung zu setzen. Ein einfaches Formular erleichtert dies Verfahren. Eine ähnliche Verbindung fehlt zwar mit den Krankenkassen und Berufsgenossenschaften, und es dürfte auch wegen der Mannigfaltigkeit der hier in Betracht kommenden Organe schwer sein, eine solche herzustellen. Wir suchen uns aber auf andere Weise zu helfen. Wo auch nur ein Betriebsunfall die Ursache der Hilfsbedürftigkeit sein kann, giebt uns das Königliche Polizeipräsidium bereitwilligst Auskunft über die stattgehabte Ermittelung oder leitet solche nachträglich auf unsere Anregung ein. In Erfurt giebt die Polizeibehörde der Armendirektion jährlich zweimal Verzeichnisse der Beglaubigungen, welche von ihr für monatliche Unfallrentenquittungen erteilt werden.

Durch Einräumung günstiger Bedingungen sind ferner die meisten unserer Krankenkassen veranlaßt, ihren Mitgliedern, sobald es irgend erforderlich, eine nachhaltige Kur im städtischen Krankenhause zu gewähren. Durch eine vollständige Übersicht der statutarischen Leistungen aller Krankenkassen sind die Armenpflegeorgane in den Stand gesetzt, genau zu bemessen, ob und inwieweit neben der Krankenkasse noch die öffentliche Armenpflege einzutreten nötig hat, und eine specielle Anweisung macht es ihnen zur Pflicht, Leuten, deren gewöhnliche Beschäftigung krankenkassenversicherungspflichtig ist, Armenunterstützung jeglicher Art, insbesondere freies Begräbnis erst dann zu gewähren, wenn die betreffende Krankenkasse erklärt, daß dem Petenten ein Anspruch auf die Leistungen der Kasse nicht zustehe. So wird verhindert, daß Leute Begräbnisgeld ausgezahlt erhalten und doch noch für die Beerdigung die Mittel der Stadt in Anspruch nehmen, was in der That vorgekommen ist. Hat umgekehrt die Kasse trotz bestehender Verpflichtung ihre Leistungen verweigert, so ist es ein Leichtes, die Auslagen der Armenverwaltung eventuell im Verwaltungsstreitverfahren einzuziehen. Sind doch durch die Novelle zum Krankenversicherungsgesetz die Vorstände der Krankenkassen ausdrücklich dazu verpflichtet, den Gemeindebehörden und Armenverbänden jede gewünschte Auskunft über die den unterstützten Personen gegen sie zustehenden Unterstützungsansprüche unweigerlich zu erteilen. Diejenigen Sterbekassen endlich, bei denen das Sterbegeld eine verhältnismäßig größere Summe ausmacht — solcher Kassen giebt es in Königsberg eine ganze Anzahl, deren Mitglieder nach Zehntausenden zählen — halten laut Vereinbarung einen kleinen Betrag vorläufig zurück, bis festgestellt ist, daß Armenpflege nicht in Anspruch genommen.

Ziemlich eigenartig, aber jedenfalls ganz praktisch ist die Anordnung in Elberfeld, welche verhüten will, daß das gemeindliche Leichenfuhrwesen ohne Not beansprucht wird. Der Kutscher hat, wenn etwa andere Wagen zum Geleit sich einstellen, die Zahlung von 3 Mark zur Armenkasse zu fordern, und wenn diese Zahlung nicht geleistet wird, augenblicklich, ohne die Leiche zu fahren, umzukehren.

Bei uns in Königsberg kommt es vor, daß die gelieferten Armensärge trotz ausdrücklichen Verbots, gegen bessere Särge, natürlich gegen Zuzahlung, umgetauscht werden. Oft wird dann vom Kirchhofsinspektor die Beisetzung der Leiche als Armenleiche verweigert, bis wenigstens der volle Grabmacherlohn entrichtet ist. Solche offenbare Mißstände werden erst aufhören, wenn kommunale Friedhöfe geschaffen sind. Vorläufig suchen wir die kirchlichen Behörden zur Herabsetzung des Kirchhoftarifs, wenigstens für die unbemittelten Volksklassen zu bestimmen, damit sie nicht durch die hohen Gebühren von vornherein auf den Weg der Armenfürsorge gedrängt werden.

Für geignete Unterstützungsfälle dürfte sich das in Elberfeld gebräuchliche Frageformular empfehlen: „Zur Ermittelung des Verdienstes des Hilfesuchenden oder seiner Angehörigen beim

Arbeitgeber", welches letzterem behufs Beantwortung der darin gestellten Fragen vom Armenpfleger zugestellt wird. Auch die in Elberfeld bestehende Einrichtung des sogenannten Verdienstbuches kann unter Umständen gute Dienste leisten, wenngleich es mir etwas bedenklich scheinen will, den Arbeitgeber außer zur Angabe des ausgezahlten Verdienstes gleichzeitig auch zur Kritik über den Fleiß und das sonstige Verhalten des Arbeiters aufzurufen. Was will man aber thun, wenn der Arbeitgeber sich weigert, Angaben zu machen oder wenn der Unterstützte eine solche Weigerung vorschützt? Will man trotz wirklicher Not die Unterstützung einbehalten?

Für geradezu unentbehrlich halte ich dagegen die in vielen Geschäftsanweisungen getroffene Vorschrift, daß derjenige, der die öffentliche Armenpflege in Anspruch nimmt, das Unterstützungsgesuch persönlich anzubringen hat, es sei denn, daß Krankheit oder andere zwingende Umstände ihn am Erscheinen verhindern, und daß für eine Familie nicht die Ehefrau, sondern der Ehemann selbst Anträge zu stellen hat, es sei denn, daß er durch Krankheit oder Gefängnis am Erscheinen behindert oder abwesend ist, oder daß er sich böswillig der Fürsorge für seine Familie entzieht. Denn einmal würde ein in seiner Familie ohne oder gegen seinen Willen Unterstützter niemals zur Erstattung angehalten werden können, auch wenn sonst alle Voraussetzungen für den Erstattungsanspruch gegeben wären, und zweitens darf niemand ohne sein Zuthun seines Wahlrechts beraubt werden.

In Kiel existiert die singuläre Vorschrift, daß der Armenpfleger, welcher die Unterstützung eines Hilfesuchenden befürworten will, am nächstfolgenden Sitzungstage in der Kommission mit dem Hilfsbedürftigen selbst zu erscheinen hat. Diese Bestimmung erinnert lebhaft an die sogenannten Ruggerichte, welche in süddeutschen Landgemeinden noch heute alljährlich stattfinden sollen und bei denen eine Verteilung der Ortsarmen an den Mindestbietenden vor sich geht. Allerdings hat das persönliche Erscheinen des Armen hier einen andern Zweck. In Kassel wiederum haben die Pflegeeltern alljährlich vierzehn Tage vor Ostern sämtliche Kinder einem Ausschuß der Armendirektion vorzuführen. Dabei soll von dem zugezogenen Arzt der Gesundheitszustand der Kinder untersucht und der Erfolg des Schulbesuchs durch die Zeugnisse kontrolliert werden. In Erfurt werden alljährlich bei Beginn der wärmeren und erwerbsreicheren Jahreszeit die Listen der Almosenempfänger bezirksweise einer Revision unterzogen, zu welcher die Almosenempfänger selbst behufs Prüfung ihrer persönlichen Verhältnisse vorbeschieden werden.

Solche Revisionen aller Unterstützungsfälle durch die Bezirkskommissionen oder durch die gesamte Armendirektion werden, wenn auch nicht überall mit Citierung der Unterstützten, fast in jeder größeren Armenverwaltung regelmäßig vorgenommen. Sie sollen häufig von Erfolg gewesen sein und die Armenpflege mit einem Schlage bedeutend entlastet haben. So soll schon Cäsar in Rom die Anzahl der Getreideempfänger infolge einer allgemeinen Revision von 320 000 auf 150 000 herabgesetzt haben. So erzählt aus dem Jahre 1819 der frühere Bürgermeister Braun in Königsberg in seiner Schrift: „Die Reform der Königsberger Armenpflege", von einer allgemeinen Revision sämtlicher Armenunterstützungen, welche die auch damals schon decentralisierte Armenverwaltung von Königsberg mit Hilfe der Stadtverordnetenversammlung in dem genannten Jahr vorgenommen hat und durch welche es gelungen ist, monatlich circa 140 Thaler in Abgang zu stellen. So wird aus Hamburg als Resultat einer solchen allgemeinen Prüfung der dauernden Unterstützungen im Jahre 1893 berichtet, daß von 9200 dauernd Unterstützten bei 1789, also bei 19,5 Prozent die Unterstützung hat ganz eingestellt werden können. Ebenso wird aus Elberfeld und Düsseldorf berichtet, daß solche von Zeit zu Zeit vorgenommene Revisionen meistens den Erfolg gehabt haben, daß eine verhältnismäßig große Anzahl von Unterstützungspositionen ganz abgesetzt werden konnte. In Elberfeld hat dabei zugleich jedesmal eine eingehende Besprechung aller in Betracht kommenden Verhältnisse des Einzelfalles stattgefunden, sowie eine Erörterung über zweifelhafte Grundsätze; manche wichtige Fragen haben eine grundsätzliche Regelung, Mängel des geschäftlichen Verkehrs eine sofortige Abstellung erfahren und die Einheit des Verfahrens, sowie die Übereinstimmung der Auffassung der Bezirkskollegien untereinander und mit dem leitenden Kollegium der Armenverwaltung ist wesentlich gefördert worden. Noch größere Wichtigkeit aber legen wohl sämtliche großen Armenverwaltungen den persönlichen Besuchen der Armen bei, indem sie solche Besuche teils den Armenpflegern allein, teils auch den Bezirksvorstehern, teils beiden gemeinsam, die einen alle vier, die andern alle sechs Wochen, manche sogar alle vierzehn Tage, alle aber vor jeder neuen Bewilligung zur Pflicht machen. Nach der Posener Geschäftsanweisung sollen diese Besuche unerwartet, wenn möglich mittags oder abends an Sonn- und Feiertagen, jedenfalls aber kurz vor jeder Sitzung der Kommission erfolgen. —

Einige Armenordnungen schreiben vor, daß die Armenpfleger in ihrer Thätigkeit häufiger durch Besuche des Bezirksvorstehers bei den Armen des Bezirks kontrolliert werden sollen. Die Elberfelder Instruktion verlangt von den Bezirksvorstehern, daß sie die neu eintretenden Armenpfleger persönlich in die Wohnungen der Armen der betreffenden Quartiere begleiten und sie daselbst mit ihren Verhältnissen bekannt machen. Der Zweck dieser Besuche bei den Armen ist in der Elberfelder und in der Dresdener Geschäftsanweisung für die Armenpfleger ganz ausführlich angegeben. Danach sollen die Armenpfleger bei ihren Besuchen nicht bloß die Verhältnisse der Armen feststellen, um auf Grund dieser Feststellung demnächst ihre Anträge in der Kommission zu stellen, sondern sie sollen auch auf Beförderung der Sittlichkeit, Arbeitsamkeit und Wirtschaftlichkeit der Armen hinwirken, sie zu einem geregelten, gottesfürchtigen und rechtschaffenen Lebenswandel ermahnen, ihnen mit gutem Rat zur Seite stehen, dabei auch ihre Aufmerksamkeit darauf richten, ob der Arme die ihm bewilligte Unterstützung der eigentlichen Bestimmung gemäß verwendet, namentlich auch auf die Kinder und deren Erziehung einen heilsamen Einfluß ausüben. So detaillierte Vorschriften enthalten die übrigen Geschäftsanweisungen meines Wissens nicht. Ein häufiger Verkehr der Armenpfleger mit ihren Armen und eine vertraute Bekanntschaft mit ihren Verhältnissen ist aber überall als erste und hauptsächlichste Pflicht hingestellt.

Natürlich wird diese Pflicht nicht überall gleichmäßig erfüllt, und häufig wird gerade die in dieser Beziehung an der Elberfelder Pflege geübte Kritik zutreffen. Enthält doch die Berliner Geschäftsanweisung das Zugeständnis, daß öfter Fälle vorgekommen sind, wo für Leute noch Unterstützung gezahlt und berechnet ist, welche schon in ein anderes Revier verzogen oder in eine öffentliche Anstalt aufgenommen worden waren, und wird doch gerade durch solche Vorkommnisse die Notwendigkeit der öfteren Besuche der Almosenempfänger in ihren Wohnungen wesentlich mit begründet. Trotzdem werden diesbezügliche Vorschriften immer von neuem zu wiederholen und den Armenorganen ans Herz zu legen sein. Denn diese öfteren Besuche werden die Armenorgane allein in stets ausreichender Kenntnis über die Lage der Unterstützten erhalten, und nur durch solche wiederholte Lokalrecherchen werden sie gleichzeitig erfahren können, ob sich etwa die Verhältnisse der Almosenempfänger gebessert haben, ob unterstützungspflichtige Verwandte eingetreten sind und ob aus dieser oder jener anderen Ursache die Unterstützung entbehrlich geworden und eingestellt werden kann. Noch zweckmäßiger freilich dürfte es sein, die Armenpfleger zur größeren Gewissenhaftigkeit gerade in Bezug auf die Erfüllung dieser Besuchspflicht in einer oder der anderen Weise gewissermaßen zu zwingen. Einen Versuch hierzu erblicke ich in der Bestimmung der Berliner Geschäftsanweisung, wonach der Armenpfleger jeden Besuch eines Almosenempfängers durch ein Kreuz und einen entsprechenden Vermerk in der Almosenliste zu bezeichnen und so eine Kontrolle über und eventuell **gegen sich selbst** zu liefern hat. Praktischer noch erscheint mir die schon oben berührte Einrichtung in unserer Königsberger Verwaltung, derzufolge der kleinste Unterstützungsbetrag aus der städtischen Armenkasse nicht eher an den Armen gezahlt wird, als bis einer der Armenpfleger die Armengeldkarte sozusagen mit seinem Visum versehen hat. Denn die Verantwortung, die er damit übernimmt, zwingt ihn, sich jedesmal vorher positive Gewißheit darüber zu verschaffen, daß der Grund zur Unterstützung noch fortbesteht. Eine gleiche Vorschrift besteht meines Wissens nur in Anklam. Das gleiche Ziel wird übrigens auch erstrebt durch eine andere Einrichtung unserer Armenverwaltung. Zufolge einer ein für allemal ergangenen Anweisung, deren Befolgung genau kontrolliert wird, haben nämlich die Inspektoren des städtischen Kranken= und des Armenhauses dem zuständigen Armenrat formularmäßige Anzeige zu erstatten, sobald Armengeldempfänger in ihrer Anstalt Aufnahme finden, und der Armenrat hat sofort nach Empfang der Anzeige eine nähere Prüfung des Falles eintreten zu lassen und je nach dem Befund Anträge auf Belassung der Armenunterstützung, wenn z. B. die Bewilligung für die Angehörigen erfolgt ist, oder auf Löschung oder Herabsetzung bei der Armenverwaltung zu stellen. Diese inhibiert dann manchmal noch im letzten Augenblick die Zahlung des Armengeldes, die sonst zu Unrecht erfolgt wäre. Damit andererseits Unterstützungsbedürftige, die aus der Anstalt entlassen werden, die ihnen angewiesene Unterstützung nicht zu lange zu entbehren brauchen, wird den Armenkommissionen auch von der Entlassung unmittelbar, nachdem sie erfolgt ist, Nachricht gegeben.

Daß ferner die Hilfsbedürftigkeit jedes Armengeldempfängers, der in einen andern Bezirk verzieht, von der Kommission des neuen Bezirks von neuem zu prüfen und eventuell zu beschließen ist, schreiben die meisten Geschäftsanweisungen übereinstimmend vor, jedenfalls in der Annahme, daß sich mit dem Wegzuge oder infolge desselben die ganze Lage des bisher Unterstützten möglicherweise zum Besseren gewendet haben könnte. Alle Armenverwaltungen endlich dürften wohl die Erfahrung gemacht haben, daß Leute, deren Unterstützungsgesuche ganz oder zum Teil abgewiesen sind, häufig nur deshalb nach einem anderen Bezirk verziehen, um die abgelehnte Unterstützung resp. Erhöhung einer anderen Armenkommission gegenüber durchzusetzen. Diese Erfahrung hat dazu geführt, daß die Gesuche solcher Leute ganz besonders sorgfältig geprüft werden, und Berlin hat eine dahin gehende ausdrückliche Vorschrift in seine Geschäftsanweisung aufgenommen.

Gegen ungerechtfertigte Ausnutzung der Fürsorgepflicht pflegen die meisten Armenverwaltungen sich dadurch zu schützen, daß sie, insbesondere in allen Fällen, wo die Hilfsbedürftigkeit voraussichtlich nur eine vorübergehende ist, die Unterstützungen nur auf ganz kurze Zeit bewilligen und auch in entsprechend kurzen Terminen zur Auszahlung bringen. Wo die Unterstützungen von den Kommissionen endgültig beschlossen oder von den Armenpflegern direkt ausgezahlt werden, sind sie meist wöchentliche. Wo dies nicht der Fall, wie in Königsberg, läßt sich eine kürzere Bewilligung und Auszahlung, als immer für je einen Monat, kaum durchführen. Ist die kürzere Bewilligung auch entschieden vorzuziehen, so läßt sich doch kaum in Abrede stellen, daß wöchentliche Unterstützungen, weil sie verhältnismäßig reichlicher bemessen, den Armenetat mehr belasten, als monatliche. Die Unmöglichkeit, eine mißbräuchliche Verwendung von Barunterstützungen zu verhüten, hat wohl nicht wenige Armenverwaltungen mit dazu veranlaßt, das System der Naturalunterstützungen mehr und mehr auszubilden. So wird gegenwärtig außer Brennholz, Mittagsportionen, stärkenden Mitteln für arme Kranke, fast überall Bekleidung, insbesondere für jugendliche Hilfsbedürftige und meist durch eine sogenannte Bekleidungskommission geliefert. In Leipzig sind Brotlieferungen gebräuchlich. In Berlin wird besonders ausgewählten Armen Kartoffelland nebst Aussaat entweder unentgeltlich oder gegen geringe Miete für den Acker zur Verfügung gestellt. In Elberfeld werden an gesunde Frauen und erwachsene Kinder, um ihnen zu Hause Arbeit anzuweisen, statt ihnen Armenunterstützung zu gewähren, Spul- und Nähmaschinen von der öffentlichen Armenpflege ausgeliehen, deren Betrieb die Armenpfleger zu kontrollieren haben. Die zeitweise Vornahme von sogenannten Notstandsarbeiten, um arbeitsfähige, aber arbeitslose Arme über Wasser zu halten, ist fast nirgends mehr unbekannt und jedenfalls zugleich ein ganz vortreffliches Mittel, um die Arbeitsscheu festzustellen und solche Hilfesuchenden, die nur vorgeben, keine Arbeit bekommen zu können, los zu werden. Von der Breslauer Armenverwaltung wird die dortige Einrichtung der Kehrkolonnen sehr empfohlen, in welche arbeitslose Hilfsbedürftige gegen Stundenlohn eingestellt werden. In ähnlicher Weise hat man in Frankfurt a. M. den Versuch gemacht, arbeitsfähige Arme, die nach ihrer Angabe keine

Arbeit fanden, bei der Straßenreinigung anzustellen, ist davon aber wieder abgegangen, weil sich die Maßregel, wie berichtet wird, als unpraktisch erwiesen habe. Unentbehrlich endlich ist für jede größere Armenverwaltung die Unterhaltung eines gut verwalteten Armenhauses. Denn einerseits wird die Aufnahme daselbst, falls andere besser und behaglicher eingerichtete Anstalten nicht ausreichen, alten und arbeitsunfähigen und deshalb wirklich hilfsbedürftigen Leuten, die sich sonst ohne oder mit geringer Unterstützung in der Welt herumstoßen müßten, wenigstens einigermaßen Ersatz für den ihnen anderweit fehlenden Auf- und Unterhalt bieten. Andererseits aber ist die Armenverwaltung dadurch, daß sie unter Umständen die Aufnahme in das Armenhaus anzubieten vermag, häufig in der Lage, sich der Ansprüche solcher Personen zu erwehren, die entweder selbst ausreichende Unterstützung haben, aber trotzdem, unter Verheimlichung ihrer Lage, die Armenverwaltung zu brandschatzen suchen, oder die aus Arbeitsscheu für ihren Auf- und Unterhalt nicht selbst Sorge tragen wollen. Denn da die meisten Ausführungsgesetze zum Unterstützungswohnsitzgesetz ebenso wie das Preußische Gesetz dem verpflichteten Armenverbande die Wahl der Unterstützungsart überlassen und da ferner das Reichsstrafgesetzbuch in §. 361 Ziffer 7 öffentlich unterstützte Personen mit Strafe und Korrektionsnachhaft bedroht, wenn sie die ihnen zugewiesene Arbeit zu verrichten sich weigern, so hat schon häufig das Armenhaus und der gegen Arbeitsfähige erlaubte Arbeitszwang als letztes Mittel dazu gedient, um liederliche und arbeitsscheue Menschen der Armenpflege fern zu halten. Entweder nämlich, sie sehen ein, daß sie arbeiten müssen, und ziehen dann vor, außerhalb der Anstalt sich durch Arbeit durch das Leben zu bringen. Oder sie hüten sich, die Armenpflege künftig um Barunterstützung anzugehen, in welchem Falle dann wenigstens der Armensäckel nicht durch sie erleichtert wird. In Bremen ist von diesen Gesichtspunkten aus eine besonders großartig angelegte Arbeitsanstalt errichtet und mit der Armenpflege in enge Verbindung gesetzt. Die Hauptarbeit in dieser Anstalt besteht im Sortieren, Reinigen und Entrippen von Tabak, daneben auch im Säcknähen. Die Anstalt dient nach einem der letzten Jahresberichte zwar auch dazu, um für solche Arbeiter zu sorgen, denen es wegen Schwäche oder wegen leichter körperlicher Fehler schwer fällt, mit völlig leistungsfähigen Arbeitern in Konkurrenz zu treten. Sie wird aber ebenfalls und zwar in erster Reihe, dazu benutzt, um die häufigen Angaben arbeitsfähiger Arbeiter, sie könnten keine Arbeit finden, etwas gründlicher zu prüfen.

Alle diese und manche ähnliche Einrichtungen, zu denen z. B. auch eine zweckmäßige Verbindung der Privatwohlthätigkeit mit der öffentlichen Armenpflege gehören möchte, lassen sich meines Erachtens sehr leicht in das Elberfelder System einfügen, ohne dieses selbst zu gefährden. Im Gegenteil, indem sie eine mißbräuchliche Inanspruchnahme der öffentlichen Armenpflege zu verhüten suchen, tragen sie mittelbar zur Aufrechterhaltung jenes Systems bei und machen eine anderweite Kontrolle entbehrlich.

Eine solche anderweite, geeignete Kontrolle sollen, wie schon erwähnt, besoldete Aufseher oder Kontrollbeamte ausüben. Aber — dies fällt auf den ersten Blick auf — die wenigen Städte, die sich dazu entschlossen haben, solche Beamte anzustellen, sind meist ganz verschieden dabei zu Werke gegangen und haben ihre Thätigkeit meist verschieden geregelt.

In Stuttgart, wo zwei, und in Dortmund, wo drei besoldete Armenaufseher funktionieren, haben sie innerhalb der ihnen zugeteilten Bezirke eine laufende Kontrolle über die unterstützten Personen und deren Angehörige zu führen, sie ständig zu überwachen. Stuttgart hat ihnen insbesondere die Aufsicht über einen Teil der für Rechnung der Armenpflege untergebrachten Kostkinder und Lehrlinge übertragen. In Dortmund soll sich ihre Kontrolle insbesondere auf die Arbeitsfähigkeit der unterstützten Personen, auf ihre Erwerbsverhältnisse, ihre Beteiligung bei Krankenunterstützungs- und Sterbekassen, auf die Unterstützung, welche anderweit von Vereinen und Privaten geschieht, die Ermittelung alimentionspflichtiger- und -fähiger Verwandten und auf andere wichtige Thatsachen erstrecken. Auch sollen sie in Todesfällen die Ermittelung und Sicherstellung des Nachlasses bewirken.

In Dortmund sollen sie hauptsächlich die Verhältnisse derjenigen Personen an Ort und Stelle feststellen, welche nach den Protokollen der Bezirksversammlungen zu den bereits früher unterstützten neu in Zugang gekommen sind, und insbesondere die eingereichten Personalbogen prüfen. In Stuttgart dagegen sollen sie außer dringenden Gesuchen hauptsächlich solche Fälle zur Untersuchung erhalten, wo besonders schwierige und zeitraubende Erhebungen über die Aufenthalts-, Einkommen-, Vermögens-, Familien- und sonstigen Verhältnisse des Hilfsbedürftigen, über dessen Lebenswandel und dergleichen anzustellen sind, welche ihrer Natur oder ihrem Umfange nach einem freiwilligen Armenpfleger nicht wohl zugemutet werden können. In den beiden genannten Städten wirken hiernach die besoldeten Aufseher und die ehrenamtlichen Organe selbständig teils zusammen, teils nebeneinander, und es wird sowohl von Stuttgart als von Dortmund berichtet, daß die Einrichtung als Ergänzung des Instituts der freiwilligen Armenpflege sich durchaus als zweckmäßig bewährt hat. In Stuttgart zumal sollen beide Einrichtungen nebeneinander in steter Harmonie funktioniert, in Dortmund die neue Einrichtung nicht unwesentlich zur Verminderung der Armenlast in den letzten Jahren beigetragen haben.

Eine wesentlich andere Bedeutung haben die besoldeten Hilfsbeamten in der Freiburger Armenpflege. Schon der Anlaß zu ihrer Anstellung ist, wie es scheint, ein ganz besonderer gewesen, der mit einer Kontrolle der Armenpflege an sich nichts zu thun hatte. Es soll dort nämlich allmählich sehr schwer geworden sein, für die an der Peripherie gelegenen, zahlreich mit Arbeitern und geringen Leuten bevölkerten Stadtteile stets die erforderliche Zahl von ehrenamtlich thätigen Personen, und namentlich von solchen zu finden, die in diesen Stadtteilen selbst wohnten. Aus diesem Grunde hat sich die Stadtverwaltung gezwungen gesehen, teilweise zu berufsmäßigen bezahlten Organen zu greifen, die man dazu verpflichtet hat, in den gedachten Bezirken Wohnung zu nehmen. Sie sind für diese Bezirke als Bezirksvorsteher eingesetzt, derart, daß sie dem im übrigen aus ehrenamtlichen Pflegern zusammengesetzten Bezirkskollegium präsidieren. Man rühmt von ihnen, daß sie in der Lage seien, Tag für Tag ihre volle Zeit und Arbeit dazu zu verwenden, um die Verhältnisse ihrer umfangreichen Bezirke zu studieren, die Bevölkerung kennen zu lernen, den Erwerbs-, Vermögens- und Gesundheitszustand der ärmeren Klassen zu beobachten und dementsprechend ihre Anträge auf Armenunterstützung einzurichten, sowie die der Centralstelle unentbehrlichen Aufschlüsse im einzelnen Falle zu erteilen, und man will gerade durch ihre Thätigkeit greifbare Resultate erzielt haben, von denen weiter unten noch gesprochen werden soll. Allein es wird andererseits von vornherein zugegeben, daß diese Leute nur mit ganz besonderem Geschick ausgewählt werden dürfen. Vor allem müßten sie das nötige Ansehen in der Bürgerschaft haben, damit andere sich entschließen, unter ihnen als Armenpfleger thätig zu sein. Am liebsten müßten sie schon anderweit in irgend einer Stellung einen verantwortlichen Posten bekleidet haben.

Außer diesen besoldeten Bezirksvorstehern, deren jährliches Gehalt übrigens nur 300 Mark beträgt, hat Freiburg i. Br. auch eigentliche Armenaufseher, deren Thätigkeit namentlich der Armenpflege in der Innenstadt zugute kommen soll. Ihre Aufgabe ist eine doppelte. Sie sollen erstens, ähnlich den Kontrolleuren der Krankenkassen, eine stete und wachsame Aufsicht über alle diejenigen führen, welche Armenunterstützung beziehen, und sie sollen zweitens im Auftrage der Centralleitung die in einem bestimmten Fall etwa notwendig werdenden Erhebungen machen, dabei einerseits eine Gegenkontrolle für minder gewissenhafte Bezirksvorsteher und Armenpfleger ausüben und andererseits solche Informationen einziehen, die einzuziehen den Armenpflegern peinlich sein könnte. Für diese teils selbständige, teils nur auf jedesmaliges Ersuchen ausgeübte Thätigkeit bezogen die Armenaufseher in Freiburg i. Br. vor einigen Jahren ein jährliches Gehalt von 1400 Mark. — In Darmstadt hat man, wie schon oben erwähnt, die kürzlich erfolgte Einsetzung von besoldeten Aufsehern zu einer vollständigen Änderung der ganzen Organisation benutzt. An Stelle der kollegialischen Bezirksversammlungen ist das System von einzelnen, unter sich in keiner und mit der Centralleitung in direkter Verbindung stehenden Armenpflegern getreten und deren Thätigkeit wird ergänzt, richtiger wohl überwacht durch einige berufsmäßige Armenaufseher, die an der Ermittelung der Verhältnisse der Armen und an deren Überwachung teilnehmen und insbesondere Aufträge auszuführen haben, von denen man annimmt, daß sie außerhalb des Wirkungskreises eines ehrenamtlichen Pflegers liegen.

Ganz anders wieder ist die Stellung der beiden Armenkontrolleure in Mannheim. Ihre Thätigkeit ist durch eine förmliche und ziffermäßige Übersicht veranschaulicht, die in den Jahresberichten des Magistrats regelmäßig gegeben wird, und darnach scheint es, als wenn sie in Mannheim nur dazu verwendet werden, um ganz bestimmte Aufträge der Armenverwaltung zu erledigen. Ist doch genau aufgezählt, wieviel Erhebungen sie alljährlich gemacht und wieviel Berichte sie erstattet, und ist doch genau angegeben, was diese Erhebungen und Berichte betreffen: Familienverhältnisse, Abhörbogen, Kinderpflege, Zahlungsfähigkeit, Aufenthaltsverhältnisse, Entziehung der Unterstützung, Zuzug, Ausweisung, Kontrolle zugezogener Familien, beanstandete Kinderpflegestellen und verschämte Arme.

Erwähne ich endlich noch Bochum, Köln, Lübeck mit vier und Bremen mit sieben besoldeten Armenaufsehern, welche letztere die Bezirksvorsteher namentlich in Bezug auf die allmonatlich vorgeschriebenen Besuche der Armen und in der Verteilung von Medizinkarten zu unterstützen haben, so ist meines Wissens die Reihe derjenigen größeren Armenverwaltungen, welche die Einfügung eines immerhin fremden Elements in die freiwillige Armenpflege für nötig befunden haben, ziemlich erschöpft*, und es wird demnach, ganz abgesehen von der nachgewiesenen Verschiedenheit im einzelnen, mit Recht behauptet werden können, daß das Institut der besoldeten Aufseher oder Kontrolleure noch weit davon entfernt ist, eine allgemeine Einrichtung der deutschen Armenverwaltungen zu werden.

In der That sind schwerwiegende Bedenken gegen die Zweckmäßigkeit dieser Einrichtung von den verschiedensten Seiten bereits geltend gemacht. Dr. Münsterberg-Hamburg geht in Übereinstimmung mit dem eingangs gedachten Verfasser Ln. in Nr. 25 der Blätter für sociale Praxis vom 21. Juni 1893 in der Verurteilung der Neuerung so weit, daß er dieselbe mit dem Geiste des Elberfelder Systems und mit diesem System selbst für völlig unvereinbar erklärt. Der Schwerpunkt des Systems, so heißt es in dem zuletzt erwähnten Artikel, liege darin, daß freiwillig thätige Bürger als unmittelbar ausübende Organe die Armenpflege besorgen. Wenn sich zwischen die Armenpfleger und die Armendirektion besoldete Aufsichtsbeamte einschieben, dann lasse sich nicht mehr mit Bestimmtheit sagen, wer eigentlich die Armenpflege ausübt, dann sei das grundlegende Princip durchbrochen. Und ähnlich meint Dr. Münsterberg in Nr. 32 der genannten Zeitschrift vom 9. August 1893, daß das System nur bestehen kann, wenn der Gedanke der ehrenamtlichen pflegerischen Thätigkeit rein aufrecht erhalten und nicht durch eine Mit- oder Nachkontrolle besoldeter Aufsichtsbeamten gekreuzt wird.

So ganz unrecht scheinen mir diese Zweifler an der gepriesenen Neuerung nicht zu haben. Allerdings habe ich in meinen obigen Ausführungen mehr den praktischen Standpunkt vertreten, der sich dazu versteht, auch Abweichungen von dem Princip zu gestatten, wenn es nicht anders sein kann. Aber vom Standpunkt derjenigen, welche es nicht zugeben wollen, den idealen Grundzug des Elberfelder Systems durch praktische Maßnahmen verkleinert zu sehen, muß ich den geäußerten Bedenken erst recht beitreten. Will ich dem Armen in dem Armenpfleger einen wirklichen Freund zur Seite setzen, dem ich die Fürsorge für den Armen so in die Hand gebe, daß er sich vollständig auf ihn verlassen soll, daß er seinen Zuspruch und seine Ratschläge willig hört und ebenso willig befolgt, und will ich den Armenpfleger und ebenso die Bezirkskollegien in dieser Absicht von jeder irgend wie lästigen Kontrolle der Verwaltung befreit wissen, so darf ich dem Armen erst recht keine Aufpasser bestellen. Denn dessen Einmischung würde den Armen nur mißtrauisch machen und so die Freundschaft zwischen Pfleger und Armen unfehlbar im Keime ersticken. Deshalb

---

* Nach Mitteilung des Herrn Korreferenten haben bis jetzt im ganzen 18 Städte besoldete Beamte für die Bezirksthätigkeit in der Armenpflege angestellt.

ist es mir auch durchaus erklärlich, wenn gerade der berufenste Vertreter des Elberfelder Systems, der Beigeordnete Ernst in Elberfeld, in Nr. 49 der mehrfach citierten Zeitschrift vom 6. Dezember 1893 lebhaften Protest gegen die Neuerung erhebt, indem er ausführt, daß schon das bloße Vorhandensein solcher besoldeter Kontrollbeamten geeignet ist, den Pflichteifer der Armenpfleger und Bezirksvorsteher und das Gefühl ihrer eigenen Verantwortlichkeit zu schwächen und so den Wert des Ganzen zu vermindern. „Zweifel an der Thätigkeit der selbständig arbeitenden Bezirkskörper", so führt Ernst aus, „erhoben sich schon an der Wiege des neuen Systems und begleiteten es auf seinen ersten Wegen. Hätte man ihnen Gehör geschenkt, wie es nicht geschehen ist, hätte man Wächter, besoldete Kontrolleure angestellt, an Stelle des großen Vertrauens in dieser Form einen Paragraphen des Mißtrauens der neuen Ordnung eingefügt, ich glaube, unsere bürgerliche Armenpflege wäre nicht das geworden, was sie geworden ist, und es würde schwerlich heute, nach vierzig Jahren, von einem Elberfelder System die Rede sein."

Aber auch die nüchternsten Erwägungen führen zu dem gleichen Urteil. In einigen deutschen Städten, wie z. B. in Lübeck und in Greifswald, hat es in früheren Zeiten sogenannte Bettel- oder Prachervögte gegeben. Ihnen lag hauptsächlich die Unterdrückung des Bettelwesens ob. An wirklich bedürftige Arme verteilten sie Zeichen, die diese berechtigten, von Thür zu Thür zu gehen und um ein Almosen zu bitten. Wer ohne ein solches Zeichen bettelte, gegen den schritten sie mit der Peitsche ein. Mir will es nicht aus dem Sinn, Aufseher, die man ausdrücklich dazu einsetzt, die Armen des Bezirks zu überwachen, mit solchen Bettelvögten in eine gewisse Parallele zu bringen. Wollen Armenaufseher ihre Aufgabe vollständig erfüllen, so müssen sie auch, und zwar nicht bloß gelegentlich, die Verwendung der gewährten Armenunterstützungen möglichst sorgfältig kontrollieren. Wird nicht aber eine solche, zumal ungeschickt ausgeübte Aufpasserei recht böses Blut schaffen? Und wird sie häufig nicht ganz zwecklos sein? Ich räume ein, daß es gerechtfertigt ist, solchen Armen gegenüber, die von ihrer Armengabe unnützen Gebrauch machen, künftig etwas vorsichtiger zu sein. Aber unmöglich wird man wirkliche Not deshalb unberücksichtigt lassen können, weil frühere Gaben leichtsinnige Verwendung gefunden haben.

Ist es ferner nicht merkwürdig, daß auch hier wieder Ben Akiba Recht behält? Auch die Armenaufseher sind schon einmal dagewesen und dann wieder abgeschafft. Die Königsberger Armenverwaltung war es, welche in den dreißiger Jahren dieses Jahrhunderts den Armenvorstehern Aufseher gegenübergestellt hatte, die alljährlich selbständig eine Revision der Verhältnisse sämtlicher unterstützter Armen vorzunehmen hatten. Aber schon am 2. Mai 1836 klagt der Magistrat in einem Bericht an die Königliche Regierung darüber, daß häufig Reibungen zwischen beiden Organen entstanden seien. Man habe deshalb beschlossen, den Unterschied wieder schwinden zu lassen; jeder frühere Armenaufseher sei jetzt der Armenvorsteher seines Reviers, verkehre unmittelbar mit der Armendirektion, nehme an ihren monatlichen Sitzungen teil, und der Centralpunkt der Armenverwaltung sei jetzt wieder in die Armendirektion gelegt.

In der That ist trotz der günstigen Berichte aus Stuttgart und Dortmund zu befürchten, daß die dort konstatierte Harmonie auf die Dauer nur selten und jedenfalls nicht überall ungestört erhalten bleiben würde. Denn Aufseher über die Armen gelten mit Notwendigkeit zugleich als Aufseher der Armenpfleger und es liegt schon in der Natur der Sache, daß Aufseher, die, wie es hier der Fall, recht eigentlich dazu bestellt sind, begangene Irrtümer aufzudecken und anzuzeigen, über kurz oder lang mit denjenigen, um deren Irrtümer es sich handelt, heftig zusammengeraten. Wenn nun aber gar jeder von beiden Teilen, wo es sich nicht um Thatsachen, sondern um verschiedene Beurteilung handelt, im Recht zu sein glaubt und wenn dann die Armenverwaltung zur Entscheidung angerufen, dem Aufseher Recht giebt, was dann? Wird es dann jedesmal gelingen, den Armenpfleger davon zu überzeugen, daß er sich geirrt hat?

Die Konsequenzen solcher Konflikte liegen zu sehr auf der Hand, als daß ich noch nötig hätte, sie eingehend zu schildern. Entweder der Aufsichtsthätigkeit wird ein Widerstand geleistet werden, den zu überwinden sie nicht stark genug ist, oder was das Schlimmere, die ehrenamtlichen Organe werden zurücktreten und das Feld den Aufsichtsbeamten überlassen. Daß letzteres aber einen ungeheueren Verlust nicht bloß für die Armenpflege, sondern in viel weiterem Sinne sein würde, ist schon so oft ausgeführt, daß es hier nicht wiederholt zu werden braucht. Hier mag nur daran erinnert werden, daß in der Erhaltung aller freiwillig wirkenden Kräfte nicht bloß ein ausgezeichnetes Mittel gegeben ist, um die Opferwilligkeit an sich zu erhöhen und zu verallgemeinern, sondern auch eines der wirksamsten Mittel, um die noch vielfach ganz und gar fehlenden Beziehungen zwischen den bemittelten und unbemittelten Klassen herzustellen. Mag es deshalb auch häufiger vorkommen, daß durch die Verwendung besoldeter Kontrollbeamten Unregelmäßigkeiten schneller ermittelt und einzelne materielle Vorteile erzielt werden, diese Vorteile werden gegen die Nachteile kaum ins Gewicht fallen.

Steht es denn aber überhaupt fest, daß besoldete Berufsbeamte in die Verhältnisse der Armen besser und gründlicher einzudringen geeignet sind, als ehrenamtliche Armenpfleger? Auch das möchte ich bestreiten. Ja, ich möchte nicht einmal zugeben, daß es sich in der öffentlichen Armenpflege um die Ermittelung von Dingen handeln kann, deren Ermittelung den freiwilligen Armenpflegern nicht zugemutet werden könnte. Selbst das Aufsuchen von Häusern, in denen Prostituierte neben Armen wohnen, kann meines Erachtens der Ehre des Armenpflegers keinen Abbruch thun, wird ihn aber andererseits erst vollständig in die sociale Lage der ärmeren Volksklasse einweihen, aus der sich ja leider die Prostituierten hauptsächlich rekrutieren.

Die Thätigkeit der Aufsichtsbeamten würde auch in nicht zu langer Zeit einen rein schablonenmäßigen Charakter annehmen. Einem einzigen Berufsbeamten müßte doch mindestens die Armenaufsicht in einem oder in mehreren größeren Bezirken aufgetragen werden. Wie ist es da nur zu erwarten, daß er für jeden einzelnen Fall von all' den massenhaften ihm übertragenen Fällen die richtige Behandlung finden wird, wie dies der Armenpfleger vermag, dem die Sorge für wenige Arme oder Familien obliegt? Das ist ja gerade der große Vorzug des Elberfelder Systems, daß es die Individualisierung der Armenpflegefälle ermöglicht. Davon könnte keine Rede mehr sein, sobald besoldete Aufsichtsbeamte die Thätigkeit der ehrenamtlichen Organe übernehmen. „Ein Beamter", so heißt es in der Nr. 2 des Helfers vom November 1893, „der berufsmäßig hundert und mehr Armensachen täglich zu erledigen hat, kann den einzelnen nicht so nachgehen und nicht so viel Sorgfalt und teilnehmenden Rat spenden, wie ein Armenpfleger, der nur wenige Fälle hat und in diesem Dienst an seinen Mitmenschen innere Befriedigung sucht." Gerade darauf kommt es an, daß die Armen keine schablonenmäßige bureaukratische Behandlung erfahren, sondern persönlich beraten werden. „Ein Armenpfleger könnte deshalb, auch wenn er geradezu untüchtig, immer nur geringen Schaden anrichten. Wenn aber ein solcher Beamter nicht einschlägt, so schadet das viel mehr, als wenn ein einzelner Armenpfleger ungeeignet ist."

Diese Bedenken treffen übrigens in ihrer ganzen Schwere auch den in Freiburg gemachten Versuch, in einigen Bezirken die ehrenamtlichen Vorsteher durch besoldete Berufsbeamte zu ersetzen, ein Versuch, der im Grunde für die andere Frage nach der Zweckmäßigkeit besoldeter Aufsichtsbeamten durchaus nicht entscheidend ist. Und diese Bedenken sind es jedenfalls, die den Berichterstatter trotz des Lobes, welches er den besoldeten Bezirksvorstehern zollt, doch veranlassen, gleichzeitig die Hoffnung auszusprechen, es werde allmählich gelingen, die bezahlten Bezirksvorsteher wieder in Wegfall zu bringen.

Und noch in einer anderen Hinsicht würde die Einsetzung von Aufsehern die Vorzüge des Elberfelder Systems entschieden schmälern.

Wird doch von dessen Anhängern gerade mit gutem Recht hervorgehoben, daß das System die Thätigkeit der Untersuchung und Prüfung und die der Bewilligung in eine Hand lege. Diese Vereinigung hört auf, sobald zwischen den Armen und den Armenpfleger Aufsichtsbeamte, zumal selbständig thätige sich eindrängen, und der Übelstand, der früher beklagt worden ist, daß nämlich der eine Teil zur Prüfung ausgeschickt werde, der andere Teil beschließe, diese Trennung, die man glücklich beseitigt zu haben glaubte, sie wäre zur Hinterthür wieder eingekehrt.

Nun hat ferner die Aufsicht in der öffentlichen Armenpflege naturgemäß zwei entgegengesetzte Richtungen. Aber nur die eine scheint bisher ins Auge gefaßt. Nur die schon unterstützten Armen oder die eben neu hinzugekommenen soll der Armenaufseher in Stuttgart und Dortmund hauptsächlich aufsuchen. Nur der Vorteil wird von Freiburg ganz besonders gerühmt, daß die Zahl der bei mangelhafter Untersuchung des einzelnen Falles erschlichenen oder zu Unrecht fortgewährten Unterstützungen sehr verringert worden sei. Eine tüchtige Armenpflege wird jedoch unter Umständen auch da eintreten müssen, wo sie nicht angerufen ist. Dieser Gesichtspunkt wird in der Thätigkeit von besoldeten Aufsehern, die doch durch ihre Aufsicht ihr Gehalt wieder einbringen sollen, wahrscheinlich ganz zurücktreten und nach dieser Richtung die Aufsicht jedenfalls eine unvollkommene sein.

Aber mag schließlich auch die Anstellung besoldeter Aufsichtsbeamten für die Verwaltung bequem und vorteilhaft sein. Weder die Armen noch die ehrenamtlich thätigen Organe würden auf die Dauer damit zufrieden sein. Der Arme, der schon dem Pfleger, der ihm helfen will, oft wenig Vertrauen entgegenbringt, würde dem ihm natürlich ganz unbekannten Aufseher und dessen Besuchen mit vollkommenstem Mißtrauen entgegentreten, seine Recherchen, zumal deren Zweck bald bekannt wird, würden in kurzer Zeit Erbitterung erzeugen und möglicherweise den schon ohnedies gefährdeten socialen Frieden stören. Die Armenräte und Armenpfleger aber, wenigstens bei uns in Königsberg, würden sich schon nach kurzer Zeit bestens dafür bedanken, **unter** oder auch nur **neben** Aufsehern zu arbeiten und, was ja nicht ausbleiben kann, ihre meistens wohl überlegten Beschlüsse durch ein fremdes Element gekreuzt oder gar vereitelt zu sehen. Kommt es doch sogar vor, daß manchen Armenräten die bloße Beanstandung der unter ihrem Vorsitz gefaßten Beschlüsse nicht ganz gleichgültig ist! Und sie sollen ja auch nicht gleichgültig dagegen sein! Wie viel weniger, als diesen gewiß vorsichtigen Eingriff der Verwaltung würden sie sich den Eingriff von Aufsehern gefallen lassen?

Wenn ich demnach aus all' diesen Gründen keinen Anstand nehme, rundweg zu erklären, daß meiner Ansicht nach die Einführung besoldeter Aufsichtsbeamten der Elberfelder Armenpflege kaum förderlich sein dürfte, so ist mit dem Gesagten das Thema doch noch nicht vollständig erschöpft. Wie ich nämlich schon oben andeutete, sind die besoldeten Berufsbeamten, welche einige der oben genannten Städte einzusetzen für gut befunden haben, nicht eigentliche oder doch nicht bloße **Aufsichts-**, sondern daneben, oder, wie in Mannheim, ganz allein **Hilfs**beamte der öffentlichen Armenpflege, die — im Gegensatz zu den Berufsbeamten der Centralverwaltung — in den Bezirken thätig sind, und es erübrigt deshalb noch die Beantwortung der weiteren Frage, ob sie vielleicht in dieser letztgedachten Eigenschaft der Armenpflege wirkliche und wirksame Hilfe zu leisten geeignet sind. Zunächst möchte ich hierzu bemerken, daß ich sie ebenso wie die eigentlichen Armenaufseher für entbehrlich halte, entbehrlich insofern, als die ihnen aufzutragenden Geschäfte entweder von der Armenverwaltung selbst auf schriftlichem Wege oder von den ehrenamtlichen Organen bei Gelegenheit der Prüfung der einzelnen Unterstützungsfälle ebensogut und vielleicht noch besser besorgt werden können. Die Verwaltung muß nur daraufhin mit eingerichtet und die Thätigkeit der Armenräte und Armenpfleger muß nur dementsprechend geregelt sein. Wie ich dies beides verstehe, ist von mir oben des weiteren ausgeführt. Nur einige Einzelheiten möchte ich noch kurz berühren. In Freiburg soll es sich infolge der Mitwirkung besoldeter Berufsbeamten herausgestellt haben, daß die polizeilichen An- und Abmeldungen, auf welche sich früher die Anerkennung des Unterstützungswohnsitzes stützte, in vielen Fällen unzuverlässig gewesen sind, indem sehr oft Familien, die als ständig wohnend gemeldet waren, in der Zwischenzeit Monate oder Jahre hindurch in auswärtigen benachbarten Gemeinden sich aufhielten und nur täglich in die Stadt zur Arbeit kamen. Oft seien infolge dessen irrtümlich anderweite Ansprüche übernommen. Jetzt sei das anders, nachdem die polizeilichen Angaben durch die Armenaufseher kontrolliert werden. Dem gegenüber möchte ich denn doch das Meldewesen in

Schutz nehmen. Wir in Königsberg wenigstens können uns auf die Auskunft der Polizeibehörde ganz unbedingt verlassen. Und wo einmal unklare Angaben mit unterlaufen, da sind die festzustellenden Verhältnisse meist so schwieriger Art, daß gar nichts anderes übrig bleibt, als die betreffenden Personen selbst im Bureau der Armenverwaltung ausführlich zu vernehmen. Ja, in besonders schwierigen Fällen wird der juristische Decernent der Armenabteilung die nötigen Ermittelungen am besten selbst vornehmen und die Fragen von vornherein darauf richten, worauf es ihm zur Feststellung der Ortsbehörigkeit gerade ankommt. Armenaufsehern möchte ich solche schwierige Aufgaben überhaupt nicht zumuten. Eine andere Thätigkeit, welche derartige Hilfsbeamte der Armenpflege ausüben könnten, käme vielleicht eher in Betracht. Bei uns in Ostpreußen kommt es vor, daß Gutsherren oder auch Dorfgemeinden aus der Nachbarschaft alte hinfällige Leute heimlich in der Stadt einmieten und sie während der ersten Jahre heimlich unterstützen, um nach Ablauf der zweijährigen Frist die Fürsorge für sie los zu werden. Es wäre denkbar, daß solche „Abschiebungen" durch Berufsbeamte, die auf solche Leute besonders zu achten hätten, eher entdeckt und verhindert werden. Aber noch haben wir uns selbst gegen solche Manöver auf andere Weise zu helfen gewußt. Wir kontrollieren in der Armenverwaltung jede polizeiliche Anmeldung auf das genaueste, stellen jedesmal, wo wir irgend Verdacht schöpfen, durch Vernehmungen und eventuell durch Heranziehung unserer ehrenamtlichen Organe die Verhältnisse des Neuangezogenen eingehend fest und haben so noch jedesmal den Erwerb der Ortsbehörigkeit seitens solcher abgeschobenen Personen verhindern können.

Auch mit der regelmäßigen Revision der Verhältnisse der unterstützten Personen, die in Freiburg den Aufsehern aufgetragen wird, betrauen wir stets unsere ehrenamtlichen Organe, die wir zu diesem Zweck ab und zu von neuem um die Durchsicht der Abhörbogen und der in denselben enthaltenen Aufzeichnungen ersuchen, und bis jetzt hat noch niemand unsere Ersuchen abgelehnt oder unausgeführt gelassen. Lassen es sich doch unsere Armenräte und Armenpfleger ganz von selbst so viel als möglich angelegen sein, daß die Summe der in ihrem Bezirk aufzuwendenden Unterstützungen eher ab- als zunimmt!

Weiter hat man gemeint, die Hilfe von Berufsbeamten sei ganz besonders da verwendbar, wo es sich darum handele, festzustellen, ob dem Hilfsbedürftigen Ansprüche gegen Kranken- oder andere Kassen zustehen. Auch das muß ich entschieden bestreiten. In der Regel wird sich die Zugehörigkeit des Hilfesuchenden zu einer solchen Kasse schon aus seiner ersten Vernehmung ergeben. Im Notfall kann Auskunft darüber entweder auf telephonischem Wege oder durch die wohl überall in Funktion befindlichen Armenboten sofort eingeholt werden, und die schriftliche Erklärung des Kassenvorstandes oder des Rendanten unmittelbar neben der an die Kasse gerichteten Anfrage ist für die Armenverwaltung, zumal für etwaige spätere Rechtsverfolgung, sicher mehr wert als die von dem Hilfsbeamten mündlich erbetene, mündlich erhaltene und oft mißverstandene Auskunft des Kassenbeamten.

Manche Armenverwaltungen, wie auch die Königsberger, haben für die Aufsicht über die sogenannten Ziehkinder oder Pflegekinder besondere Aufsichtsdamen, bei uns Armenwaisenpflegerinnen genannt, bestellt. In Dresden benutzen die Obmänner zu notwendigen Gängen und Bestellungen zuverlässige Almosenempfänger gegen wöchentliche Vergütungen. Dagegen ist gewiß nichts einzuwenden. Wo aber außerdem besoldete Hilfsbeamte in der Armenpflege nicht entbehrt werden können, da gebe man ihnen wenigstens keine allgemeinen Aufträge, sondern verwende sie zu ganz bestimmten Erhebungen oder Berichterstattungen im Einzelfalle, stelle sie nicht über die ehrenamtlichen Organe und auch nicht ihnen zur Seite, sondern ordne sie entweder der Centralverwaltung allein oder gleichzeitig auch den Armenräten unter. Es soll nicht bestritten werden, daß sie dann möglicherweise von Nutzen sein können. Warnen möchte ich schließlich vor jeder Überschätzung nicht bloß der Dienste besoldeter Hilfsbeamten, sondern auch des Wertes einer allzu ängstlichen Kontrolle, sei es, daß diese durch besondere Aufsichtsbeamte oder durch die Centralverwaltung ausgeübt wird. Das Hauptgewicht jeder wohlgeordneten Armenpflege wird vielmehr meiner vollen Überzeugung nach stets auf die Erhaltung einer freudigen, zugleich aber auch ihres Wertes sich bewußten Thätigkeit der ehrenamtlichen Organe zu legen sein. Um diese zu fördern, versäume man keine Gelegenheit, ihre Bestrebungen anzufeuern, erweise ihnen stets und überall die schuldige Ehre und Achtung und sei darauf bedacht, sie durch Wort und Schrift, jedoch ohne Aufdringlichkeit, zu unterweisen, um sie so mit der Handhabung ihres schwierigen Amtes allmählich mehr und mehr vertraut zu machen. Gute Unterweisung ist mehr wert als jede noch so scharfe Kontrolle.

Thesen des Referenten:

1. Das reine Elberfelder Armenpflegesystem kennt nur ehrenamtlich thätige Organe. Insbesondere verträgt sich die selbständige und verantwortungsvolle Stellung der Armenräte und Armenpfleger nicht mit der Einsetzung besoldeter **Aufsichtsbeamten**.
2. In Armenverwaltungen, deren ehrenamtliche Organe weniger selbständig und verantwortlich sind, ist die Mitwirkung besoldeter Aufsichtsbeamten zwar nicht unzulässig. Sie empfiehlt sich aber nicht wegen des durch die Einrichtung an sich leicht erweckten Mißtrauens und wegen der voraussichtlichen Reibungen beider Organe und erscheint auch bei zweckentsprechender Organisation und bei geschickten vorbeugenden Maßnahmen und Vorschriften der Verwaltung entbehrlich.
3. Glaubt dagegen eine städtische Armenverwaltung ohne andere besoldete Berufsbeamte mit Thätigkeit **in den Bezirken** nicht auskommen zu können, so ist jedenfalls **daran** festzuhalten, daß solche **Hilfsbeamte** nicht anders als zur Erledigung bestimmter Aufträge verwendet und den ehrenamtlichen Organen nicht über- oder gleich-, sondern untergeordnet werden.

Ehrenamtliche und berufsamtliche Thätigkeit in der städtischen Armenpflege.
Korreferat des Beigeordneten Zimmermann (Köln).

Der nach der Überschrift zu erörternde Gegenstand erstreckt sich auf Fragen der Verwaltungseinrichtung des Armenwesens.

Die Armenverwaltungen haben hauptsächlich folgenden Anforderungen zu genügen:

1. Jede Hilfsbbedürftigkeit muß leicht und rasch zur Kenntnis der zur Entgegennahme der Gesuche um Armenhilfe zu bestimmenden Organe gebracht werden können und es muß für die Möglichkeit einer genauen vorurteilsfreien Prüfung vorgesorgt sein.

2. Es muß dafür Vorsorge getroffen sein, daß die Entscheidungen über die Gesuche um Armenhilfe so rasch als dies die Umstände erheischen bezw. gestatten, sowie nach gleichmäßigen, gerechten und den gesetzlichen Bestimmungen entsprechenden Grundsätzen erfolgen. Es muß dabei auch die Möglichkeit gegeben sein, daß die der Eigenart des Falles entsprechende Art der Armenhilfe ermittelt und gewährt werden kann.

3. Auch nach begonnener Unterstützung müssen die Verhältnisse der unterstützten Personen einer fortgesetzten Beobachtung unterzogen bleiben können, damit einerseits mißbräuchliche Belastungen der Armenverwaltung vermieden, andererseits aber auch nötige Veränderungen in der Art und Weise, oder dem Umfange der gespendeten Hilfe zeitig veranlaßt werden können.

In kleineren Gemeinwesen ist die richtige Erfüllung dieser Obliegen=
heiten der Armenverwaltungen lediglich durch eine sachgemäße Handhabung der allgemeinen Verwaltungsvorschriften bedingt. Die Armenpflege ist hier verschmolzen mit der sonstigen Gemeindeverwaltung und verlangt in der Regel nicht einmal besondere Organe. Dem Armen, welcher sein Gesuch um gesetzliche Armenhilfe anbringen will, ist es bekannt, wo und bei welcher

Person er sein Anliegen vorzubringen hat und es sind seine Verhältnisse den übrigen Gemeindeeingesessenen vollständig bekannt. Die Entscheidung über Gesuche um Armenhilfe erfolgt bei der auch die sonstigen Gemeindeangelegenheiten besorgenden, in ihren sämtlichen Mitgliedern über die Verhältnisse des Gesuchstellers vollständig unterrichteten Behörde und an diese gelangen auch vollständig zuverlässige und unzweifelhafte Mitteilungen über etwaige in den Verhältnissen des Unterstützten entstehende Veränderungen, ohne daß es dazu einer besonderen Kontrolleinrichtung bedürfte. Hier wird, und zwar namentlich gegenüber neu angezogenen Personen, in der Regel vielfach mehr als nötig das Polizeipersonal vorwiegend auch als Träger der örtlichen Verrichtungen des Armenverbandes hervortreten; indes dürften die hieraus und anderweit bei der Handhabung des Armenwesens kleinerer Gemeinwesen sich nicht selten ergebenden Unträglichkeiten bei der zur Erörterung gestellten Frage eine eingehende Berücksichtigung nicht erheischen.

Es genügt hier aufzustellen, daß aus den vorangegebenen Gründen in kleineren Gemeinden der Wille zur richtigen Erfüllung der Aufgaben der Armenverwaltung bei Vorhandensein der erforderlichen Mittel auch den Weg hierzu stets leicht finden wird.

Schwieriger gestaltet sich die Erreichung des vorstehend bezeichneten Zweckes der Armenverwaltung in größeren Gemeinwesen und gar in Städten beträchtlicherer Ausdehnung und Bevölkerungszahl. Zur Bewältigung dieser Aufgaben reicht das für die Erfüllung der sonstigen öffentlichen Aufgaben erforderliche Personal nicht aus. Die Anbringung der Gesuche um Armenhilfe und die zunächst in der Wohnung des Gesuchstellers erforderliche Untersuchung der der Regel nach keineswegs der Behörde bekannten Verhältnisse der großen Zahl der Gesuchsteller erfordert das Eingreifen möglichst zuverlässiger Organe, welche dem Hilfesuchenden leicht erreichbar sind, außerdem aber dessen Verhältnissen näher stehen und Zeit und Fähigkeit besitzen, eine sorgfältige Untersuchung derselben vorzunehmen. Auch die Bestimmung der Art der zu leistenden Hilfe, welche den besonderen Verhältnissen jedes einzelnen Falles angepaßt sein muß, verlangt hier wegen der Mannigfaltigkeit der Lebenshaltung und der Erwerbsgelegenheit eine ganz eingehende Befassung mit einem jeden Falle, und es ist schon die Entscheidung, ob überhaupt und in welcher Höhe Aufwendungen aus öffentlichen Mitteln zu erfolgen haben, mit Rücksicht auf die große Zahl der Fälle nicht nur wegen ihrer geldwirtschaftlichen Folgen, sondern auch wegen ihrer mittelbaren Wirkungen für den Gesuchsteller und in ähnlicher Lage befindliche Personen eine sehr weittragende und wichtige. Dasselbe gilt auch von der ferneren Beobachtung und Behandlung des Unterstützten. Die Feststellung des Unterstützungswohnsitzes und die Inanspruchnahme anderer Armenverbände, sonstiger regreßpflichtiger Behörden und der nährpflichtigen Personen erfordert außerdem ein nicht unerhebliches Schreibwerk, wobei auf Übereinstimmung der schriftlichen Verhandlung mit dem Ergebnisse örtlicher Befundaufnahmen notwendig zu halten ist. Je größer eine Verwaltung ist, desto mehr tritt auch die Notwendigkeit hervor, durch schriftliche Feststellungen die Einzelfälle der Beurteilung der leitenden Behörde so zugänglich zu machen, daß dieselbe in der Lage ist, wenigstens einen all-

Ehrenamtliche und berufsamtliche Thätigkeit in der städtischen Armenpflege. 33

gemeinen Überblick darüber zu besitzen, ob Ungleichheiten in der Behandlung gleichartiger Fälle durchweg vermieden sind und ob nicht einerseits Verletzungen der gesetzlichen Armenfürsorgepflicht, andererseits aber mißbräuchliche Inanspruchnahmen der öffentlichen Armenmittel stattgefunden haben.

Auch wegen der Eigenart der Aufgabe der Armenverwaltung ist dieselbe als ein besonderer Teil der Gesamtgemeindeverwaltung einzurichten, und es ist wiederum nur eine Folge der Rücksichtnahme auf die Erfüllung der vorbezeichneten verschiedenen Obliegenheiten und auf die große Zahl der dabei in Anspruch zu nehmenden Personen, daß man in irgend größeren Gemeinwesen durchweg dazu übergeht, das Verfahren in Armensachen und die Art der Mitwirkung der in der Armenpflege thätigen Personen durch Erlaß sogenannter Armenordnungen zu regeln.

Eine solche Regelung ist umsomehr angezeigt, je mehr die Notwendigkeit hervortritt, außer Berufsbeamten auch ehrenamtliche Kräfte in der Armenpflege zu verwenden. Diese Notwendigkeit ist heute derart allgemein anerkannt, daß eine nähere Darlegung derselben hier kaum erforderlich erscheint. Dieselbe ergiebt sich schon zur Genüge aus der dargelegten Notwendigkeit der Zuhilfeziehung einer größeren Anzahl von Personen, welche den vorgeschilderten Aufgaben der örtlichen Armenpflege vollauf zu entsprechen im stande sind.

Der zur Verfügung über die Mittel des Gemeindehaushaltes der Form nach berechtigte Gemeindevorstand muß sich auch bei Ausübung der finanziell so bedeutsamen Armenpflege der unausgesetzten sachlichen Mitwirkung der Gemeindevertretung bedienen, welche, wenn sie überhaupt eine Bedeutung besitzen soll, nicht sowohl von den wenigen Mitgliedern der allgemeinen Gemeindevertretung, sondern dem Geiste aller Städteverfassungen entsprechend noch von weiteren für diesen Zweck in genügender Zahl besonders zu bestellenden Gemeindevertretern ausgehen muß.

Welche Geschäfte der Armenpflege den Gemeindeberufsbeamten und welche den Ehrenbeamten zuzuweisen sind, ist nur insoweit unbestritten, als man durchweg und durchaus sachgemäß die eigentlichen Büreaugeschäfte einschließlich der Feststellung des Unterstützungswohnsitzes den Berufsbeamten zuweist.

Die weitergehende Prüfung wird sich zu erstrecken haben auf die im Eingange unserer Ausführungen hervorgehobenen Abschnitte der örtlichen Armenpflegethätigkeit, demnach auf
1. die nur vorbereitenden Verrichtungen,
2. die verfügende Thätigkeit,
3. die nachträglichen, insbesondere kontrollierenden Verrichtungen,
und wird besonders die verschiedenen durch die Armenordnungen der größeren Städte Deutschlands bedingten Einrichtungsformen der Armenverwaltungen berücksichtigen müssen.

In letzterer Beziehung bestehen bekanntlich auch für unsere Erörterungen sehr erhebliche Unterschiede in der Verfassung der Armenverwaltungen. Das Elberfelder System sucht auch der großen Stadt die in kleineren Gemeinden durch die Einschränkung der räumlichen Verhältnisse und der Personenzahl für die Armenpflege entstehenden Erleichterungen dadurch zu verschaffen, daß es die Stadt in kleinere Bezirke einteilt, denen es die möglichst selbständige Ausübung der Armenpflege aufträgt, während die Centralleitung eine in der Regel nur nachträglich wirkende Kontrolle der Bezirksarmenpflege ausübt.

Das büreaukratische oder besser das centralisierte System benutzt dagegen die örtlichen Organe nur zur Erlangung von Auskünften und Ermittelungen sowie — abgesehen von Erledigung der Eilfälle — nur zur Begutachtung der gestellten Armenunterstützungsanträge und zu Vorschlägen zu der nur von der Centralverwaltung zu treffenden Entscheidung. Hier ist also verfügende und vorbereitende Thätigkeit getrennt. Übergangsformen zwischen beiden Systemen können in vielfältiger Form bestehen.

Es kann zunächst die Hauptverwaltung auch bei decentralisierter Einrichtung des Armenwesens, ebensowohl bei den Ermittlungsverhandlungen wie bei Ausübung des Revisions- und Kontrollrechtes, in einer sehr eingehenden sich auf die örtliche Untersuchung der einzelnen Fälle durch ihre den örtlichen Behörden nicht unterstellten Organe erstreckenden Form verfahren. Andererseits kann bei centralisierter Verwaltungseinrichtung die Verfassung des Armenwesens sich dadurch thatsächlich dem Elberfelder Vorbilde auch innerlich nähern, daß die Hauptverwaltung der Regel nach davon Abstand nimmt, die Vorschläge und Ermittlungen der örtlichen Organe ihrerseits einer Nachprüfung zu unterziehen.

Auch zieht man nicht selten die örtlichen Organe oder wenigstens die Vorsteher der einzelnen Bezirke als Vertreter derselben zu den Sitzungen der Centralstelle zu und vereinigt in dieser Form vorbereitende und verfügende Thätigkeit, eine Einrichtungsform, welche allerdings die eigentlichen Pfleger nur mittelbar umfaßt und welche in größeren Städten, in welchen die Zahl der Bezirke eine sehr große ist, nicht mehr oder nur beschränkt anwendbar ist.

Fragen der Verwaltungseinrichtung werden zweckmäßig nicht ohne Zuratziehung der Erfahrung beurteilt und so wird auch die Frage, ob und in welchen Verrichtungen unter den verschiedenartigen Einrichtungsformen der Armenverwaltungen neben dem Ehrenamte Berufsbeamte zu verwenden sind, eine vorgängige Untersuchung der in größeren Städten Deutschlands bestehenden bezüglichen thatsächlichen Verhältnisse erheischen. Es ist demnach der folgende Fragebogen an die größeren deutschen Städte mit über 30 000 Einwohner versandt worden.

Fragen:

1. Sind in der offenen Armenpflege neben ehrenamtlichen Organen auch örtlich verkehrende Berufsbeamte thätig?
2. Welche Qualifikation wird bei denselben verlangt? etwa
    a. Fertigkeit im Expedieren?
    b. allgemeine Kenntnis der Bestimmungen über das Armenwesen?
3. Welche Gehälter beziehen dieselben?
4. Welche Hauptobliegenheiten haben dieselben?
    a. nehmen sie die Gesuche um Armenhilfe entgegen und zwar

α. nur auf vorheriges Ersuchen der ehrenamtlichen Organe oder
β. auch unmittelbar?
b. besorgen dieselben gewisse schriftliche Arbeiten der örtlichen Armenpflege, namentlich Aufnahme der Abhörbogen oder welche sonstigen Schreibarbeiten?
c. bewirken dieselben die bei den Polizei= und Meldeämtern sowie bei Krankenkassen und Berufsgenossenschaften auf dem kürzesten Wege mündlich einzuziehenden, vor der Entscheidung über das Unterstützungsgesuch erforderlichen Feststellungen?
d. finden dieselben auch Verwendung, um den örtlich wirkenden ehrenamtlichen Organen die über bereits früher unterstützte Personen vorliegenden Akten der leitenden Behörde zugänglich zu machen?
e. werden dieselben von der leitenden Behörde verwendet, um auf dem kürzesten mündlichen Wege in dringlichen Unterstützungsfällen Aufklärungen seitens jener Behörde an die örtlich thätigen ehrenamtlichen Organe gelangen zu lassen?
f. ziehen dieselben der Regel nach die bei Privatpersonen, als Arbeitgebern, Vermietern u. s. w. erforderlichen Erkundigungen ein?
g. nehmen dieselben an den Sitzungen der örtlichen Bezirkskommissionen teil?
h. oder ist denselben eine sonstige Einwirkung auf die Entscheidung dieser Kommissionen über Armenunterstützungsgesuche eingeräumt?
i. sind dieselben bei der Auszahlung der bewilligten Unterstützungen beteiligt?

5. Welche sonstigen Dienstpflichten sind denselben aufgetragen und zwar insbesondere
   a. die Ausübung einer Aufsicht und Kontrolle über die unterstützten Armen
      α. nach allgemeiner Dienstvorschrift?
      β. auf Grund besonderer Aufträge
         A. der leitenden Behörde?
         B. der örtlichen ehrenamtlichen Organe?
   b. an welche Stelle werden die Berichte derselben über von ihnen ermittelte, für die Unterstützungsfrage erhebliche Thatsachen abgegeben
      α. an die vorgesetzte Dienstbehörde?
      β. oder stets zunächst an die örtlichen Kommissionen?
   c. sind dieselben auch befaßt mit der schriftlichen Feststellung der persönlichen und Einkommensverhältnisse von alimentationspflichtigen Angehörigen der Unterstützten oder von sonstigen regreßpflichtigen Personen?

6. Welche Gründe sind dort maßgebend gewesen
   a. für
   b. gegen
die Einführung örtlich verkehrender Berufsbeamten?

7. Wie hat sich die Einrichtung örtlich verkehrender Berufsbeamten bewährt? ist namentlich bemerkt worden, daß dieselbe auf die Berufsfreudigkeit oder den Eifer der Ehrenbeamten herabstimmend eingewirkt oder den Austritt in ihrem Selbstgefühl gekränkter Ehrenbeamten herbeigeführt hat?
8. Welchen Berufsständen gehören die örtlichen ehrenamtlichen Pfleger vorwiegend an?
9. Wie hoch war im letzten Rechnungsjahr
   a. die Durchschnittsbevölkerungsziffer?
   b. die Zahl der Unterstützungsfälle? sei es im Jahresdurchschnitt, sei es im Monatsdurchschnitt;
   c. die Gesamtausgabe für offene Armenpflege?
   d. die Zahl der örtlich wirkenden Pfleger?
   e. die Zahl der unter letzteren mehr als 3 Jahre im Ehrenamte befindlichen?
   f. die Zahl der örtlich verkehrenden Berufsbeamten?
10. Werden die Unterstützungen endgültig in der örtlichen Bezirkskommissionssitzung bewilligt und sofort, ohne vorherige Genehmigung oder Kenntnisnahme seitens der leitenden Behörde, zur Auszahlung gebracht?

Es bedarf nur des Hinweises auf die vorerörterten Beziehungen unserer Frage zu Fragen der allgemeinen Einrichtung des Armenwesens, um klar zu legen, weshalb hier zugleich einzelne Auskünfte begehrt wurden, welche für die wenigstens allgemeine Orientierung über die Einrichtung des Armenwesens der betreffenden Städte für erheblich erachtet wurden.

Von den angefragten Städten haben 50 geantwortet.

Viele Antworten, auch die mehrerer Städte, welche örtliche Berufsbeamte nicht verwenden, sind sehr eingehend gehalten; andere lassen dagegen namentlich die nähere Auskunft, in welcher Weise auch ohne Verwendung von Berufsbeamten den mit der Anstellung derselben verfolgten Zwecken genügt wird, vermissen.

Nach der vorerläuterten Unterscheidung werden getrennt zu behandeln sein:

I. diejenigen Städte, in welchen den örtlichen ehrenamtlichen Organen das selbständige Recht zur Bewilligung von Unterstützungen eingeräumt ist. Die Zusammenstellung der von diesen erteilten Auskünfte hat das folgende, auch die Art der Verwendung von Berufsbeamten veranschaulichende Ergebnis gefördert:

Ehrenamtliche und berufsamtliche Thätigkeit in der städtischen Armenpflege.

Laufende Nr.	Stadtgemeinde	Bevölkerungszahl	Anzahl der Unterstützungsfälle monatl. m. jährl. j.	GesamtAusgabe für offene Armenpflege Mark	Zahl der Pfleger im Ehrenamt	Hiervon über 3 Jahre im Amte	Die Pfleger sind vorwiegend	Örtlich verkehrende Berufsbeamte sind thätig vorbereitend	verfügend	kontrollierend	Bemerkungen aus den eingegangenen Auskünften
1.	Elberfeld	135 800	1050 j.	209 209	540	344	222 Kaufleute u. Fabrikanten; 147 Architekten, Bauunternehmer u. Handwerker; 109 Beamte, Lehrer, Ärzte, Apotheker u. Rechtsanwälte; 13 Gutsbesitzer u. Äcker; 13 Rentner.	nein	nein	nein	Ein Bedürfnis zur Anstellung von örtlich verkehrenden Berufsbeamten ist nicht hervorgetreten. Es wird befürchtet, daß ein Eingreifen von Berufsbeamten in pflichtmäßige Obliegenheiten des Armenpflegers bei diesen den Eifer und das Gefühl der Selbständigkeit und der Verantwortlichkeit schwächen könnte. Dieses Gefühl soll aber zur pflichtmäßigen Verwaltung des Amtes die Freudigkeit verleihen.
2.	Barmen	125 000	777 j.	137 265	312	264	Ähnlich wie ad 1 zu beantworten.	"	"	"	Wie ad 1.
3.	Bielefeld	42 703	322 m.	41 877	106	85	Fabrikanten u. Kaufleute, außer dem Handwerker, Lehrer u. kleine Äckerwirte.	—	—	—	Ein Bedürfnis zur Anstellung von Berufsbeamten hat sich nicht geltend gemacht.
4.	Duisburg	62 000	546 j.	106 027	96	79	Kaufleute und Handwerker.	—	—	—	Die Frage der Anstellung von Berufsbeamten ist noch nicht behandelt worden.
5.	Hagen	38 529	530 j.	80 770	60	51	Gehören dem kleineren u. mittleren Bürgerstande an.	—	—	—	Wie vor.

Laufende Nr.	Stadtgemeinde	Bevölkerungszahl	Anzahl der Unterstützungsfälle monatl. m. jährl. j.	Gesamtausgabe für offene Armenpflege Mark	Zahl der Pfleger im Ehrenamt	Hiervon über 3 Jahre im Amte	Die Pfleger sind vorwiegend	Örtlich verstehende Berufsbeamte sind thätig (vorbereitend / verfügend / kontrollierend)	Bemerkungen aus den eingegangenen Auskünften
6.	Hamburg	594209	9401 m.	2373329	1535	—	Kaufleute, sodann Geschäftstreibende, Beamte, Geistliche, Lehrer.	— / — / —	Einführung von örtlich verstehenden Berufsbeamten ist in Folge der eigentlichen Hamburger Verhältnisse ganz unmöglich. Da die Pfleger sehr gewissenhaft arbeiten, so erfolgt seitens der Behörde keine Kontrolle der Bewilligung vor der Auszahlung. Das unmittelbare Eingreifen in die Untersuchung der häuslichen Verhältnisse der Unterstützten wird durchaus vermieden.
7.	Stettin	125000	2220 j.	220022	327	?	Gehören allen Berufsständen an.	— / — / —	Befürchtet, daß die ehrenamtlichen Armenpfleger sich verletzt fühlen werden, falls ihnen Berufsbeamte zur Seite gestellt würden.
8.	Altona	?	?	?	350	?	?	* / — / —	Anträge nehmen die Pfleger entgegen. * Abhörbogen werden auf dem Armenbüreau angefertigt.
9.	Leipzig	391255	3290 j.	464265	968	526	Wie zu 6.	nein / — / —	Ist gegen Einführung örtlich verstehender Berufsbeamten, weil Reibungen und Differenzen derselben mit den Pflegern befürchtet werden. Auch glaubt man, daß die Anstellung von Berufsbeamten mit dem Principe der Freiwilligkeit in der Armenpflege sich nicht vereinigen lasse.*)

*) Wenn die in Leipzig durch das Armenamt stattfindende Festsetzung und Anweisung der von den Armenbezirken bewilligten Unterstützungen eine mehr als rechnerische Bedeutung hat, so würde die Stadt Leipzig in Liste II zu führen sein.

Ehrenamtliche und berufsamtliche Thätigkeit in der städtischen Armenpflege.

Laufende Nr.	Stadtgemeinde	Bevölkerungszahl	Anzahl der Unterstützungsfälle monatl. m. jährl. j.	Gesamtausgabe für offene Armenpflege Mark	Zahl der Pfleger im Ehrenamt	Hiervon über 3 Jahre im Amte	Die Pfleger sind vorwiegend	Örtlich verkehrende Berufsbeamte sind thätig vorbereitend	verfügend	kontrollierend	Bemerkungen aus den eingegangenen Auskünften
10.	Berlin	1625000	?	5540000	2486	?	Handwerker u. Kaufleute.	—	—	—	Anstellung von Berufsbeamten wird für den Fall der Eingemeindung der Vororte in Erwägung gezogen. Bisher hat die Thätigkeit der Ehrenbeamten im allgemeinen ausgereicht. Aufnahme der Unterstützungsgesuche und Anfertigung der Abhörbögen besorgen die Armen-Kommissions-Vorsteher.
11.	Breslau	352457	8221 j.	628937	1100	250	Gewerbetreibende.	*	—	—	* Das Bureau nimmt die Anträge entgegen und fertigt die Abhörbögen an. Beschränkte Auszahlung durch die Bezirke. Die Einführung örtlich verkehrender Berufsbeamten ist noch nicht in Frage gekommen.
12.	Aachen	109853	1587 m.	281753	480	273	Handwerker, Gewerbetreibende u. Lehrer.	—	—	—	Elberfelder System. Die Anstellung örtlich verkehrender Berufsbeamten ist seitens der Armenpfleger und Bezirksvorsteher bisher stets bekämpft worden, weil sie darin eine mißtrauische Beurteilung ihrer Thätigkeit und eine unnöthige Bevormundung zu erblicken, auch stark in Zweifel ziehen zu müssen glaubten, ob die Kosten einer solchen Einrichtung mit den dadurch zu erzielenden Ersparnissen im Verhältnisse stehen würden.

Laufende Nr.	Stadt-gemeinde	Bevöl-kerungs-zahl	Anzahl der Unter-stützungs-fälle monatl. m. jährl. j.	Gesamt-Ausgabe für offene Armen-pflege Mark	Zahl der Pfleger im Ehren-amt	Hier-von über 3 Jahre im Amte	Die Pfleger sind vorwiegend	Örtlich verkehrende Berufsbeamte sind thätig			Bemerkungen aus den eingegangenen Auskünften
								vorbe-reitend	ver-fügend	kontrol-lierend	
13.	Köln......	295 865	2784 m.	450 000	749	456	Vorwiegend im Erwerbsleben praktisch thätige Bürger mit Ein-schluß auch des höheren Kauf-mannsstandes, außerdem einzel-ne Lehrer der hö-heren Schulen, einzelne Elemen-tarlehrer und ei-nige Beamte.	ja	nein	ja*	Es sind 6 Armenbeamte in der Altstadt angestellt, welche die Vernehmungen der Armen und die Anfertigung der Abhör-bogen besorgen sowie die notwendigen Feststellungen bei Behörden bewirken (bei Krankenkassen 2c.), soweit dieselben auf mündlichem Wege erfolgen. * Eine Kontrolle und Aufsicht über die Armen über dieselben der Regel nach nicht aus, abgesehen von besonders ge-arteten Fällen, wenn sich z. B. die Kon-trolle außerhalb des örtlichen Bereiches des Bezirks erstreckt oder wenn die Be-zirke selbst darum ersuchen, sowie aus Anlaß Beschwerden Armer. Die seit 1888 bestehende Einrichtung hat sich durchaus bewährt, Kollisionen mit den Ehrenbeamten sind überhaupt nicht vor-gekommen und nimmt die Zahl der über die gesetzliche Amtsdauer hinaus in der Armenpflege thätigen Bürger stetig zu. Thatsachen von Erheblichkeit für die Frage der Unterstützung, welche diese Beamten erfahren, haben dieselben immer zunächst den Bezirken schriftlich mit-zuteilen. Im Vorortsgebiete soll diese dort noch nicht eingeführte Einrichtung getroffen werden.

Ehrenamtliche und berufsamtliche Thätigkeit in der städtischen Armenpflege.

Laufende Nr.	Stadtgemeinde	Bevölkerungszahl	Anzahl der Unterstützungsfälle monatl. m. jährl. j.	Gesamt-Ausgabe für offene Armenpflege Mark	Zahl der Pfleger im Ehrenamt	Hiervon über 3 Jahre im Amte	Die Pfleger sind vorwiegend	Örtlich verteh. Berufsbeamte sind thätig vorbereitend	ver- folgend	kontrol- lierend	Bemerkungen aus den eingegangenen Auskünften
14.	Hannover	180 000	2000 j.	153 900	214	146	Handwerker, Kaufleute, Gewerbetreibende und Beamte.	*		ja	* Es sind 4 Armenvögte angestellt, deren Dienste unentbehrlich sind. Obliegenheit: Erhebung von Ermittlungen und Berichterstattung in Unterstützungssachen; außerdem Sicherstellung von Nachlässen, Mitwirkung bei Armenbeerdigungen u. dergl. Unzuträglichkeiten sind nicht vorgekommen.
15.	Essen	87 500	1365 j.	165 114	60	45	Kaufleute und Kleinbürger.	nein	*	ja	* Der erste Armensekretär hat die Verpflichtung, in Gemeinschaft mit dem zuständigen Armenpfleger und Bezirksvorsteher die Armen ab und zu besuchen und eine den etwaigen Verhältnissen entsprechende anderweitige Festsetzung der Unterstützung herbeizuführen. Es ist für eine größere Verwaltung absolut notwendig, einen Beamten zu haben, welcher den Verkehr mit den Ehrenbeamten und den Armen vermittelt und als Berater der Ehrenbeamten fungiert. Es kommt allerdings viel auf den Takt und die Gewandtheit des betreffenden Beamten an. Letzterer nimmt auch als Protokollführer an den Kommissionssitzungen teil.
16.	Dortmund	96 000	1002 j.	99 194	185	120	Handwerker und Beamte.	ja	nein	ja	Es sind 4 Kontrollbeamte angestellt, welche die Verhandlungen aufnehmen, die Personalbogen 2c. anfertigen, die Feststellungen bewirken und eine laufende

Laufende Nr.	Stadtgemeinde	Bevölkerungszahl	Anzahl der Unterstützungsfälle monatl. m. jährl. j.	Gesamtausgabe für offene Armenpflege Mark	Zahl der Pfleger im Ehrenamt	Hiervon über 3 Jahre im Amte	Die Pfleger sind vorwiegend	Örtlich verteilende Berufsbeamte sind thätig			Bemerkungen aus den eingegangenen Auskünften
								vorbereitend	verfügend	kontrollierend	
17.	Posen	65 983	1416 m.	134 058	230	188	Handelstreibende, Handwerker, Lehrer und Beamte.	*	nein	—	Kontrolle über die unterstützten Personen auszuüben. Die Einführung dieser besoldeten Beamten hat sich nur bewährt. Dieselben setzen sich zum Ausgleich von Meinungsverschiedenheiten mit den Ehrenbeamten in Verbindung, eventuell entscheidet die Verwaltung, nach Verhandlung mit den Armenvorstehern. Bei diesem Verfahren kann die Berufsfreudigkeit der ehrenamtlichen Organe wohl kaum beeinträchtigt werden. Die Ehrenbeamten nehmen die Gesuche entgegen und fertigen die Abhörbogen an; nach Bewilligung einer Unterstützung wird der Arme noch im Büreau vernommen. * Ein Stadtinspektor wird ausnahmsweise zur Erledigung einzelner örtlicher Geschäfte (z. B. Nachfragen bei Arbeitgebern) benutzt. Neuerdings wird eine Kontrolle dadurch ausgeübt, daß die Unterstützten von Zeit zu Zeit auf das Büreau bestellt und über ihre Verhältnisse vernommen werden. Es wird befürchtet, daß bei Bestellung örtlich verteilender Berufsbeamten zur Aufsicht und Kontrolle der Unterstützten gerade die tüchtigsten Armenräte (Pfleger) ihr Amt niederlegen würden.

Die Auskünfte

II. derjenigen Städte, in welchen die örtlichen ehrenamtlichen Organe nur das Recht besitzen, Vorschläge zu den zu gewährenden Unterstützungen der Centralstelle einzureichen, ergeben in ihrer Zusammenstellung das folgende Resultat:

(Siehe Tabelle S. 44—54.)

Angesichts dieser Zusammenstellungen ist zunächst die Bemerkung nicht zu unterdrücken, daß die Einrichtung des Armenwesens in den deutschen Städten eine ungemein verschiedenartige ist. Manche, ja sehr viele derjenigen Städte, welche das sogenannte Elberfelder System, unter entsprechender Modifikation nach den örtlichen Verhältnissen, bei sich eingeführt zu haben angeben, haben kaum mehr als den Namen des Systems, und nicht einmal besonders wesentliche Äußerlichkeiten desselben übernommen. Abgesehen von der absoluten Abhängigkeit der Thätigkeit der Bezirke von der Hauptstelle und anderen Verschiedenheiten ist vielfach namentlich schon die Zahl der ehrenamtlichen Armenpfleger im Verhältnisse zu der Zahl der Unterstützungsfälle eine so gering bemessene, daß füglich mit den solchergestalt überlasteten Pflegern nicht annähernd die mit der Inanspruchnahme des Ehrenamtes bezweckte ausgiebige Handhabung der örtlichen Geschäfte der Armenpflege erreicht werden kann.

Wir fassen die zunächst zu erörternde Frage wie folgt:

Ist es nötig, noch neben den Ehrenbeamten Berufsbeamte für die Ausübung der örtlichen Armenpflegegeschäfte zu verwenden?

Diese Frage müßte ohne weiteres verneint werden, wenn es allgemein als ausführbar anzuerkennen wäre, durch Ehrenbeamte die sämtlichen hier in Betracht kommenden Verrichtungen — außer etwa Botengängen oder gewöhnlichen Besorgungen, für welche allgemein Stadtdiener, Armenboten und sonstige Unterbeamte Verwendung finden — ausüben zu lassen.

Es dürfte darüber kein Zweifel bestehen, daß gerade das Ehrenamt in der Armenpflege die allerersprießlichsten und durch Berufsbeamte nicht erreichbaren Dienste zu leisten vermag; warum sollen also noch neben oder außer denselben Berufsbeamte eingestellt werden?

Da sich aus den eingezogenen Auskünften ergiebt, daß die Stadt Elberfeld und andere dessen Vorbilde gefolgten Städte in allen Teilen Deutschlands den thatsächlichen Beweis geliefert haben, daß es recht wohl gelingen kann, eine allen Ansprüchen entsprechende Ausübung der Armenpflege lediglich durch das Ehrenamt bewirken zu lassen, so ist es für uns klargestellt, daß im allgemeinen die Notwendigkeit der Mitverwendung von Berufsbeamten nicht anerkannt werden kann.

Gegenteiligen örtlichen Erfahrungen können wir der Regel nach eine Bedeutung nicht beilegen. Dieselben können nach unserer Überzeugung nur darauf zurückgeführt werden, daß bei Nachahmung gewisser Äußerlichkeiten der Elberfelder Armenpflegeeinrichtung doch keine entsprechende Rücksicht darauf genommen worden ist, die Ehrenämter der Armenpflege derart auszugestalten, daß dieselben auch von den tüchtigsten Elementen der Bürgerschaft gerne übernommen und mit vollem Pflichteifer geführt werden. Es kann hier nicht Gegenstand der näheren Erörterung und Entscheidung sein,

Laufende Nr.	Stadtgemeinde	Bevölkerungszahl	Anzahl der Unterstützungsfälle monatl. m. jährl. j.	Gesamtausgabe für offene Armenpflege Mark	Zahl der Pfleger im Ehrenamt	Hiervon über 3 Jahre im Amte	Die Pfleger sind vorwiegend	Örtlich verteprende Berufsbeamte sind thätig vorbereitend	verfügend	kontrollierend	Bemerkungen aus den eingegangenen Auskünften
1.	Potsdam	47 896	1039 j.	72 000	129	125	Mittlere und kleine Gewerbetreibende.	nein	nein	nein	Unterstützungsgesuche werden teilweise vom Büreau aufgenommen. Letzteres stellt auch die Ermittlungen über Rentenbezug u. an. Das Bedürfnis zur Anstellung von Berufsbeamten hat sich nicht herausgestellt.
2.	Brandenburg	36 146	474 j.	20 289	13	6	Handwerksmeister.	"	"	"	
3.	Danzig	120 500	?	217 422	?	138	Kaufleute, Handwerker und Rentner.	*	"	"	* Ermittlungen stellt das Armendirektorium an. Die Verwendung von Berufsbeamten ist bisher nicht in Frage gekommen.
4.	Karlsruhe	80 000	2260 j.	173 787	36	9	?	nein	"	*	Alle schriftlichen Arbeiten werden vom Büreau-Personal besorgt. * Hält die Thätigkeit eines Berufsbeamten im Armenwesen als Kontrolleur für eine sehr wichtige, hat aber bisher auf Anstellung solcher Beamten verzichtet, weil es schwierig sei, hierzu geeignete Personen zu gewinnen.
5.	Hildesheim	33 481	?	46 000	67	?	Gewerbetreibende.	"	"	nein	
6.	Görlitz	65 000	1318 j.	125 128	116	99	Kaufleute, Handwerker und Gewerbetreibende.	*	"	"	* Ein qualifizierter Bote holt die notwendigen Auskünfte ein.

Ehrenamtliche und berufsamtliche Thätigkeit in der städtischen Armenpflege. 45

Laufende Nr.	Stadtgemeinde	Bevölkerungszahl	Anzahl der Unterstützungsfälle monatl. m. jährl. j.	Gesamtausgabe für offene Armenpflege Mark	Zahl der Pfleger im Ehrenamt	Hiervon über 3 Jahre im Amte	Die Pfleger sind vorwiegend	Örtlich verkehrende Berufsbeamte sind thätig vorbereitend	versfügend	kontrollierend	Bemerkungen aus den eingegangenen Auskünften
7.	Königsberg	162 000	4200 j.	265 000	c. 315	über die Hälfte	Kleine Geschäftstreibende, Handwerker und Partikuliers.	*	nein	nein	* Unterstützungsgesuche und Abhörbogen werden auf dem Büreau aufgenommen, Feststellungen werden durch den Botenmeister besorgt. Die Frage der Einführung örtlich verkehrender Berufsbeamten ist amtlich noch nicht erörtert worden.
8.	Halle	106 570	2426 j.	199 774	267	?	Handwerksmeister, Gewerbetreibende, Kaufleute, Beamte und Lehrer.	*	"	"	* Aufnahme der Abhörbogen und alle Feststellungen werden vom Büreau besorgt. Ein Bedürfnis zur Anstellung örtlich verkehrender Berufsbeamten hat sich hier nicht herausgestellt.
9.	Frankfurt a./O.	56 000	1500 j.	88 725	168	100	Gewerbetreibende.	*	"	"	* Anträge werden im Büreau entgegengenommen. Die Einführung von Berufsbeamten würde die Berufsfreudigkeit und den Eifer der Ehrenbeamten herabstimmen.
10.	Halberstadt	40 000	746 j.	65 795	121	82	?	nein	"	"	Gegen die Einführung von Berufsbeamten spricht der Widerstand der Armenpfleger und die Befürchtung, daß die Armenpfleger durch Kontrolle unlustig und gekränkt sowie auch bequem in ihrem Amte werden würden.
11.	Dresden	294 000	11 677 j.	425 862	500	300	Gewerbetreibende, Kaufleute u. Lehrer.	*	"	"	* Verwendet die Beamten der Wohlfahrtspolizei zu Feststellungen ꝛc. Örtlich verkehrende Berufsbeamte sind nicht eingeführt worden, weil die Gemeinde=

Laufende Nr.	Stadtgemeinde	Bevölkerungszahl	Anzahl der Unterstützungsfälle monatl. m. jährl. j.	Gesamtausgabe für offene Armenpflege Mark	Zahl der Pfleger im Ehrenamt	Hiervon über 3 Jahre im Amte	Die Pfleger sind vorwiegend	Örtlich verkehrende Berufsbeamte sind thätig vorbereitend	verfügend	kontrollierend	Bemerkungen aus den eingegangenen Auskünften
12.	Ulm	36 000	50 m.	55 000	197	Die meisten Pfleger	Handwerker.	nein	nein	nein	vertreter eine Reform der Armenpflege nach dem Elberfelder System in der Annahme wünschen, daß eher 400—500 freiwillige Armenpfleger (jeder für 5 Arme) als etwa 170 solche Pfleger für je 10 Arme und unter Mitwirkung besoldeter Beamten zu erlangen sein würden. Gesuche werden im Büreau aufgenommen.
13.	Dessau	38 245	939 j.	50 000	30	27	?	"	"	"	Aufnahme der Unterstützungsanträge erfolgt durch die Armenverwaltung. Die Kontrolle der Armen wird durch die Armenpfleger ausgeübt. Ein Bedürfnis zur Anstellung örtlich verkehrender Berufsbeamten ist in besonders dringlicher Weise noch nicht hervorgetreten.
14.	Wiesbaden	70 000	770 j.	101 273	90	65	Handwerksmeister.	*	*	**	* Feststellungen werden vom Büreau besorgt. Ein Beamter der Armenverwaltung nimmt als Protokollführer an den Sitzungen der Bezirke Teil und erteilt in Zweifelfällen die notwendigen Informationen und Weisungen. ** Hält die Einführung örtlich verkehrender Berufsbeamten für erwünscht und für unbedenklich, eine solche Einrichtung sei indes bis jetzt nicht angeregt worden.

Ehrenamtliche und berufsamtliche Thätigkeit in der städtischen Armenpflege. 47

Laufende Nr.	Stadtgemeinde	Bevölkerungszahl	Anzahl der Unterstützungsfälle monatl. m. jährl. j.	Gesamtausgabe für offene Armenpflege Mark	Zahl der Pfleger im Ehrenamt	Hiervon über 3 Jahre im Amte	Die Pfleger sind vorwiegend	Örtlich verkehrende Berufsbeamte thätig vorbereitend	verfügend	kontrollierend	Bemerkungen aus den eingegangenen Auskünften
15.	Frankfurt a./M.	195 000	7044 j.	323 126	455	263	70 % Gewerbetreibende, außerdem Kaufleute, Rentner, Lehrer.	nein	nein	*	* Die Anstellung örtlich verkehrender Berufsbeamten ist in Erwägung gezogen.
16.	Bonn ...	41 195	975 j.	108 300	67	48	Gewerbetreibende.	*	"	**	* Gesuche werden auf dem Büreau entgegen genommen. ** Die Einführung örtlich verkehrender Berufsbeamten wird beabsichtigt behufs Herbeiführung einer besseren Kontrolle über die Armen und genauerer Feststellung der Verhältnisse derselben.
17.	Erfurt...	75 370	1664 j.	119 000	250—270	?	Beamte, Lehrer, Kaufleute, Handwerker und 24 Damen.	nein	"	*	Elberfelder System seit 1. 4. 93 eingeführt. * Die Einführung örtlich verkehrender Berufsbeamten sei erforderlich und nutzbringend, die Armenpfleger würden dies indeß als einen Eingriff in ihre Obliegenheiten betrachten.
18.	Gera	42 000	692 j.	53 843	12	?	Gewerbetreibende.	*	"	nein	* Aufnahme der Gesuche und Feststellungen besorgen die Registraturbeamten. — Eine kollegialische Gliederung der örtlichen ehrenamtlichen Organe scheint nicht zu bestehen.

Laufende Nr.	Stadtgemeinde	Bevölkerungszahl	Anzahl der Unterstützungsfälle monatl. m. jährl. j.	Gesamtausgabe für offene Armenpflege Mark	Zahl der Pfleger im Ehrenamt	Hiervon über 3 Jahre im Amte	Die Pfleger sind vorwiegend	Örtlich verkehrende Berufsbeamte sind thätig			Bemerkungen aus den eingegangenen Auskünften
								vorbereitend	verfolgend	controllierend	
19.	Cassel	75 000	2776 j.	132 286	166	149	Kaufleute und Handwerker (und 15 Damen).	nein	nein	ja	Wie vor. Ein Armenaufseher (Unterbeamter) ist bestellt, welcher die Armen zu beobachten und etwaige Veränderungen in den häuslichen Verhältnissen u. s. w. dem Büreau anzuzeigen hat. Mit den ehrenamtlichen Organen kommt er nicht in Berührung. Die Einführung von Kontrolleuren wird nicht für nötig gehalten.
20.	Bremen	125 000	1856 j.	164 974	199	111	Kaufleute, Rechtsanwälte, Gewerbetreibende und Lehrer.	ja	"	"	Es sind 8 Armenaufseher angestellt, welche sich gut bewährt haben und unentbehrlich sind. Dieselben müssen die Bezirksvorsteher und Armenpfleger besuchen, den Weisungen derselben Folge leisten und die von ihnen ermittelten Änderungen in den Armenverhältnissen ihres Bezirks den zuständigen Armenpflegern sofort mitteilen.
21.	Coblenz	37 718	494 j.	137 677	24	14	Kaufleute, Handwerksmeister und Rentner.	"	"	"	Seit 1. 4. 94 ist probeweise ein örtlich verkehrender Berufsbeamter angestellt, welcher mit gutem Erfolge und ohne Störung des seitherigen Einvernehmens zwischen Verwaltung und Armenpflegern seine Funktionen wahrnimmt. Die große Zahl der Fälle, in denen die Armenverwaltung mißbräuchlich in Anspruch genommen worden ist, hat Veranlassung

Ehrenamtliche und berufsamtliche Thätigkeit in der städtischen Armenpflege. 49

Laufende Nr.	Stadtgemeinde	Bevölkerungszahl	Anzahl der Unterstützungsfälle monatl. m. jährl. j.	GesamtAusgabe für offene Armenpflege Mark	Zahl der Pfleger im Ehrenamt	Hiervon über 3 Jahre im Amte	Die Pfleger sind vorwiegend	Örtlich verteilende Berufsbeamte sind thätig vorbereitend	verfügend	kontrollierend	Bemerkungen aus den eingegangenen Auskünften
22.	Darmstadt	61 200	500 j.	183 252	50	?	Kaufleute, Gewerbetreibende, Lehrer und Rentner.	ja	nein	ja	Zur Anstellung des Beamten gegeben. Der Beamte übt eine Kontrolle und Aufsicht der unterstützten Armen aus und ist den Armenpflegern nicht unterstellt. Es sind zwei Armenaufseher seit 1. 4. 94 angestellt, weil sich zur Evidenz, herausgestellt hat, daß zur Ueberwachung der Armen neben den im Ehrenamt wirkenden Pflegern eine berufsmäßige Hilfe nicht entbehrt werden kann. Es liegt aller Grund zu der Annahme vor, daß sich die Pfleger die Unterstützung durch die Armenaufseher gerne gefallen lassen. Die kollegialische Gliederung der örtlich thätigen Armenpflege=Organe ist auf= gegeben worden.
23.	Düsseldorf	162 800	?	?	162	?	Kaufleute, bessere Handwerker und Lehrer.	"	"	"	Es sind 3 "Kontrollbeamte" angestellt, welche die Unterstützungsgesuche aufnehmen, Anhörbogen anfertigen und die notwendigen Feststellungen bewirken. Dieselben haben fortlaufend die Aufsicht über die unterstützten Armen auszuüben, handeln aber niemals im Auftrage der Pfleger. Die Einrichtung hat sich sehr gut bewährt.

Schriften d. D. Ver. f. Wohlthätigkeit. XVIII. 4

Laufende Nr.	Stadtgemeinde	Bevölkerungszahl	Anzahl der Unterstützungsfälle monatl. m. jährl. j.	Gesamt-Ausgabe für offene Armenpflege Mark	Zahl der Pfleger im Ehrenamt	Hiervon über 8 Jahre im Amte	Die Pfleger sind vorwiegend	Örtlich verkehrende Berufsbeamte sind thätig vorbereitend	versfügend	kontrollierend	Bemerkungen aus den eingegangenen Auskünften
24.	Mainz......	72 059	1462 j.	123 601	73	62	Kaufleute u. Gewerbetreibende.	nein	nein	ja	Wegen Unzulänglichkeit der Berichte der Armenpfleger ist ein örtlich verkehrender Berufsbeamter angestellt, welcher allgemeine Aufsicht und Kontrolle über die Unterstützten übt und seine Ermittlungen an die leitende Behörde abzugeben hat. Die Einrichtung hat sich gut und ohne Hemmnis für die ehrenamtliche Thätigkeit der Pfleger bewährt.
25.	Münster	?	?	?	?	?	?	ja	"	"	Bei Neuregelung der Armenpflege ist die Anstellung von zwei besoldeten Armenwarten in Aussicht genommen. Dieselben haben die nötigen Feststellungen zu bewirken, die Armen von Zeit zu Zeit in ihren Wohnungen aufzusuchen und den Pflegern auf Ersuchen zur Hand zu gehen.
26.	Plauen......	50 162	1261 j.	60 400	—	—	?	"	*	"	1 besoldeter Pfleger ist angestellt, welcher Auskunft zu erteilen, * die Unterstützungsgesuche zu begutachten und die Almosenempfänger zu überwachen hat. Die Einrichtung hat sich gut bewährt. Die Armenpflege wird durch einen aus 18 Mitgliedern bestehenden Armenausschuß ausgeübt, welchem der Pfleger zur Seite steht.

Laufende Nr.	Stadt-gemeinde	Bevölkerungs-zahl	Anzahl der Unterstützungs-fälle monatl. m. jährl. j.	Gesamt-Ausgabe für offene Armen-pflege Mark	Zahl der Pfleger im Ehrenamt	Hiervon über 3 Jahre im Amte	Die Pfleger sind vorwiegend	Örtlich verteilende Berufsbeamte sind thätig vorbereitend	verfügend	kontrollierend	Bemerkungen aus den eingegangenen Auskünften
27.	Bochum	50 021	250 j.	68 299	146	½	Handwerker und Beamte.	ja	*	ja	Es sind 2 Armenaufseher zur Unterstützung der Pfleger angestellt, weil eine schärfere Kontrolle der Spendenempfänger und eine Entlastung des Armenbudgets nötig war. Letzteres ist nur durch das Institut der Armenaufseher erreichbar. Die Pfleger haben diese Neueinrichtung mit Freuden begrüßt und nehmen die Armenaufseher namentlich bei Erledigung verwickelter Unterstützungsanträge in Anspruch. * Bei Ortsfremden schlagen die Armenaufseher die Art der Unterstützung vor.
28.	Freiburg i./Brg.	50 000	1200 j.	10 500	72	60	Handwerker, Kaufleute und Private.	„	nein	„	Es ist ein Armenkontrolleur angestellt, welcher die Abhörbogen anfertigt und alle Armen zu beaufsichtigen hat. Die Einrichtung hat sich gut bewährt und war dringend notwendig. Durch die Erhebungen, welche der Kontrolleur bei jedem einzelnen Unterstützungsfalle zu machen hat, übt derselbe nicht nur eine Gegenkontrolle für minder gewissenhafte Armenpfleger, sondern zieht auch diejenigen Informationen ein, die den Pflegern füglich nicht zugemutet werden können.

Laufende Nr.	Stadtgemeinde	Bevölkerungszahl	Anzahl der Unterstützungsfälle monatl. m. jährl. j.	Gesamtausgabe für offene Armenpflege Mark	Zahl der Pfleger im Ehrenamt	Hiervon über 3 Jahre im Amte	Die Pfleger sind vorwiegend	Örtlich verkehrende Berufsbeamte sind thätig vorbereitend	verfügend	kontrollierend	Bemerkungen aus den eingegangenen Auskünften
29.	Lübeck......	68 640	403 j.	28 657	42	36	Kaufleute, Gewerbetreibende und Rentner.	ja	*	ja	Es sind 3 Armenaufseher angestellt, welche die Pfleger bei Ermittlung der Verhältnisse zu unterstützen haben und die unmittelbare Aufsicht und Kontrolle über die unterstützten Armen führen. Die Einrichtung besteht seit 1845 und hat sich gut bewährt.
30.	M.-Gladbach	52 000	399 j.	?	132	43	?	"	ja	"	Es sind 2 örtlich verkehrende Berufsbeamte angestellt, welche Aufsicht und Kontrolle über die Armen ausüben. Die Einrichtung hat sich sehr gut bewährt und zwar nötig durch die Lässigkeit mancher Pfleger und die Verschiedenheit der Auffassung über das Maß des Notwendigen und den Unterstützungsanspruch überhaupt. Nur in sehr vereinzelten Fällen sind Weibereien mit den Pflegern vorgekommen. Dieselben nehmen auch an den Sitzungen Teil und zwar mit beratender, soweit sie aber zugleich als Pfleger bestellt sind, mit beschließender Stimme.

* Die Aufseher müssen auf Verlangen in den Sitzungen des Armenkollegiums Auskunft erteilen.

Ehrenamtliche und berufsamtliche Thätigkeit in der städtischen Armenpflege. 53

Laufende Nr.	Stadtgemeinde	Bevölkerungszahl	Anzahl der Unterstützungsfälle monatl. m. jährl. j.	GesamtAusgabe für offene Armenpflege Mark	Zahl der Pfleger im Ehrenamt	Hiervon über 3 Jahre im Amte	Die Pfleger sind vorwiegend	Örtlich verkehrende Berufsbeamte sind thätig vorbereitend	verfügend	kontrollierend	Bemerkungen aus den eingegangenen Auskünften
31.	Mannheim..	84 000	?	140 232	117	90	Kauf- und Geschäftsleute, Privatiers u. Lehrer.	ja	*	ja	Die Anstellung von 2 Berufsbeamten als Kontrolleure erfolgte zur intensiven Kontrolle Neuanziehender und unterstützter Personen, welche Arbeiten den ehrenamtlichen Organen nicht zugemutet werden konnten, zumal sich eine genügende Zahl geeigneter Männer, welche sich den vielfach undankbaren Aufgaben eines Armenpflegers unterziehen würden, nicht fand. * Die Armenkontrolleure nehmen auch an den Sitzungen der Unterstützungssektion, Auskunft erteilend und Vorschläge machend, Teil.
32.	Stuttgart...	139 817	39 641 j.	558 488	185	120	Lehrer, Beamte und Kaufleute.	—	—	„	Es sind 2 Armenaufseher angestellt, deren Hauptaufgabe es ist, die sämtlichen öffentlichen Unterstützten zu überwachen und sich stets von der Fortdauer der Hilfsbedürftigkeit derselben und von der richtigen Verwendung der Unterstützung zu überzeugen. Die Einrichtung hat sich gut bewährt. Die ehrenamtlichen Organe wünschen dann und wann selbst Untersuchung der Verhältnisse der Armen durch die Armenaufseher.

Laufende Nr.	Stadtgemeinde	Bevölkerungszahl	Anzahl der Unterstützungsfälle monatl. m. jährl. j.	Gesamt-Ausgabe für offene Armenpflege Mark	Zahl der Pfleger im Ehrenamt	Hiervon über 3 Jahre im Amte	Die Pfleger sind vorwiegend	Örtlich verkehrende Berufsbeamte sind thätig			Bemerkungen aus den eingegangenen Auskünften
								vorbereitend	verfügend	kontrollierend	
33.	Crefeld	107 184	1650 j.	330 000	375	255	Gehören allen Berufen an.	nein	nein	nein	Jährlich findet eine Kontrolle der Verhältnisse der Unterstützten sowie der bewilligten Unterstützungen durch die städtische Armendeputation statt. Abhörbogen werden von den Armenpflegern aufgenommen. Ermittelungen bei Krankenkassen 2c. stellt das Sekretariat an. Anstellung von Berufsbeamten könnte Mißstimmung veranlassen.
					weil 7 neu eingerichtete Bezirke zum Vergleich nicht in Betracht kommen.						

welchem Systeme der Armenverwaltung, dem decentralisierten oder dem centralisierten, der Vorzug zu geben ist, aber das System Elberfelds muß uns den Fingerzeig geben, wenn es sich darum handelt den Weg zu finden, um mit dem Ehrenamte allein den Aufgaben der örtlichen Armenpflege zu genügen. Gewisse Eigentümlichkeiten des Volkscharakters und örtliche Verhältnisse werden Verschiedenartigkeiten in Bestimmung der Stellung des ehrenamtlichen Pflegers erzeugen können; aber auf die Dauer wird sich keine Armenverwaltung der wirklich eifrigen Unterstützung durch das Ehrenamt erfreuen können, welche bei Schaffung ihrer Armenpflegeeinrichtungen und bei Handhabung derselben nicht davon ausgegangen ist, daß dem Ehrenamte nicht allein Verpflichtungen aufzuerlegen, sondern auch Rechte einzuräumen sind. Als das vornehmste Recht des ehrenamtlichen Pflegers hat zu gelten, daß man seiner Entscheidung über Gesuche um Armenhilfe eine wirkliche, auch dem Pfleger selbst erkennbar werdende Bedeutung beimißt, was allerdings am sichersten im Wege der Verleihung des verantwortlichen erstinstanzlichen Entscheidungsrechtes geschieht; daß man ferner bei Meinungsverschiedenheiten nicht lediglich zu dekretieren, sondern vornehmlich zu überzeugen sucht. Schon die Rücksichtnahme auf die Menschennatur, deren — man darf wohl sagen — feine Würdigung die Elberfelder Armenordnung auszeichnet, muß zu der Anschauung nötigen, daß da, wo die starre Amtspflicht nicht ausschließlich in Anspruch genommen werden kann, ein freudiges, tüchtiges Schaffen nur eintritt, wo auch die Früchte der eigenen Thätigkeit erkennbar werden. Es wird ferner die Gewissenhaftigkeit des Mannes geweckt, nicht sowohl durch gedruckte Hinweise auf eine bestehende Verantwortlichkeit, als vielmehr durch die Einräumung einer Mitbeteiligung an den Geschäften der Armenpflege, aus welcher sich notwendig das Gefühl der Verantwortlichkeit ergiebt.

Wenn in einer Stadt die Leistungen des Ehrenamtes zur Bewältigung der Aufgaben der Armenpflege nicht als ausreichend befunden werden, sollte man sich daher der Regel nach darauf beschränken, eine Revision der dem ehrenamtlichen Pfleger durch die Armenordnung eingeräumten Stellung nach den bezeichneten Richtungen vorzunehmen. Nur zur Unterstützung des Überganges von dem einen System in das andere mag es unter Umständen angebracht sein, einen Berufsbeamten in derjenigen Form zu verwenden, welche in der vorausgeführten Auskunft der Stadt Essen empfohlen ist. Diesen Weg hat vor wenigen Jahren noch die Stadt Aachen eingeschlagen, als die Leistungen der örtlichen ehrenamtlichen Organe nicht mehr befriedigten, ohne jedoch eine auch nur vorübergehende berufsamtliche Mitwirkung eintreten zu lassen. Die Stadt Breslau hat ebenfalls vor kurzem aus anscheinend denselben Gründen seine Armenpflegeeinrichtungen im wesentlichen nach dem Vorbilde Elberfelds umgestaltet.

Wenn wir nicht unbedingt die Notwendigkeit der Verwendung von örtlichen Berufsbeamten in der Armenpflege bestreiten, so hat dies seinen Grund einesteils darin, daß unseres Erachtens eine bestimmte Verrichtung — die Anfertigung des Abhörbogens —, welche die Stadt Elberfeld als Teil der örtlichen Geschäfte der Armenpflege behandelt, richtiger durch Berufsbeamte zu besorgen ist, dann aber namentlich darin, daß wir bei

Städten, in welchen besonders schwierige Verhältnisse für die Ausübung der Armenpflege bestehen, es für nötig erachten, einen bestimmten Teil der örtlichen Armenpflegeverrichtungen Berufsbeamten aufzutragen. Der sogenannte Abhörbogen, in der Regel eine übersichtliche Darstellung der für die Beurteilung der Unterstützungsgesuche maßgebenden Verhältnisse der Gesuchsteller, welcher durch Ausfüllung eines vorgedruckten Frageschemas entsteht, beansprucht unter den schriftlichen Arbeiten der Armenpflege um deswillen allerdings eine besondere Behandlung, weil zu dessen richtiger Ausfüllung fast stets eine örtliche Prüfung der Verhältnisse des Gesuchstellers nötig ist.

Andererseits klagen sehr viele Armenverwaltungen darüber, daß die Ausfüllung der Abhörbogen durch die ehrenamtlichen Pfleger völlig ungenügend geschehe, so daß dieselben zum amtlichen Gebrauch nicht geeignet seien. Es richtet sich jene Ausstellung häufiger gerade gegen die den Handwerker- und kleineren Gewerbetreibenden-Ständen angehörenden Pfleger und es hat dieselbe bei manchen Armenverwaltungen dazu geführt, Angehörige dieser Stände bei der Auswahl der Pfleger weniger zu berücksichtigen und statt derselben vorzugsweise Volksschullehrer für diese Stellung in Anspruch zu nehmen. Wir halten ein solches Verfahren für unrichtig, indem wir es für notwendig erachten, Männer des praktischen Erwerbslebens in der Armenpflege zu verwenden. Gerade die letzteren und zwar solche, welche es verstanden haben, sich selbst im wirtschaftlichen Kampfe empor zu helfen und tüchtig zu behaupten, halten wir im Hinblick auf die Anforderungen einer vorbeugenden Thätigkeit für am meisten geeignet, andern zu helfen. Dem etwaigen Mißverständnisse, daß wir dem Lehrerstande die Befähigung zur Wahrnehmung der Armenpflegeverrichtungen überhaupt abzusprechen gesonnen wären, braucht wohl nicht vorgebeugt zu werden. Wir erachten es sogar aus manchen, hier nicht näher auszuführenden Gründen für überaus zweckmäßig, ja notwendig, daß Lehrpersonen bei der Armenpflege ehrenamtlich mitwirken; nur halten wir es für unrichtig, wenn aus dem angegebenen Grunde, oder weil man das Bedürfnis fühlt, sich auf Beamte der Stadt zu stützen, diesem Stande eine der Zahl nach überwiegende Vertretung in jenem Ehrenamte gegeben wird.

Unseres Erachtens und nach hierüber auch vorliegenden Erfahrungen kann ohne Beeinträchtigung der ehrenamtlichen Thätigkeit den bezeichneten Schwierigkeiten in folgender Weise zweckmäßig begegnet werden. Man halte an der Regel fest, daß Gesuche um Armenpflege stets nur bei dem örtlich thätigen ehrenamtlichen Pfleger angebracht werden, verpflichte aber den letzteren nur dann zur Ausfüllung eines für solche Fälle vorzuschreibenden kurzen Formulars, wenn eine schleunige Hilfeleistung geboten ist. In allen anderen Fällen werde der Gesuchsteller zur Ausfertigung des Abhörbogens an das Büreau verwiesen. Der dort nur nach den Angaben des Gesuchstellers aufgenommene, schon an der Hand der Akten oder aus früheren bei Absetzung der Unterstützung an das Büreau zurückgelangten Abhörbogen berichtigte Abhörbogen geht dann an den zuständigen örtlichen ehrenamtlichen Pfleger zur Nachprüfung an Ort und Stelle und zum Vermerk etwaiger Unstimmigkeiten und des Befundes der Wohnungen auf einen Umschlagbogen.

Wir machen die Erfahrung, daß auch Pfleger, welche nicht im stande sein würden, ein vorgedrucktes Schema übersichtlich auszufüllen, derartige Nachprüfungen gründlich vornehmen und den Befund in freier schriftlicher Form stets ausreichend mitzuteilen verstehen.

Die Richtigstellung des Fragebogens, welcher zu diesem Zwecke an das Büreau zurückgelangt, erfolgt dort auf Grund der Vermerke auf dem ebenfalls einzureichenden Umschlagbogen. Das Weitere über dieses rasch und zuverlässig zu handhabende Verfahren, namentlich bei Eintritt von Änderungen in den Verhältnissen des Unterstützten gehört zu der im weiteren Verlaufe unserer Erörterung zu behandelnden eigentlichen kontrollierenden Thätigkeit.

Es kann also bei Aufnahme des Abhörbogens im Wege der Trennung der hierbei nötigen Schreibarbeit von den örtlichen Verrichtungen ein Übergreifen des Berufsbeamten auf das Gebiet der örtlichen Armenpflege wohl vermieden werden.

Wenn wir dagegen bereits hervorhoben, daß besondere Schwierigkeiten bei Ausübung der Armenpflege ein solches Übergreifen allerdings zu rechtfertigen vermöchten, so wollen wir schon sofort darauf aufmerksam machen, daß wir eine solche Mitwirkung der Berufsbeamten nur in ganz bestimmt zu ziehenden Grenzen für richtig und empfehlenswert halten.

Als solche Schwierigkeiten lassen wir dabei nur gelten:

1. Eine sehr große Bevölkerungszahl, verbunden mit größerer Ausdehnung des Gemeindebezirks.

2. Eine Ungleichartigkeit der Armenbevölkerung, welche namentlich dadurch bedingt ist, daß die arbeitende Klasse sich nicht vorwiegend einem bestimmten Erwerbszweige — z. B. dem der Industrie oder einem bestimmten Industriezweige — widmet, wodurch zugleich eine große Verschiedenartigkeit in der Zugehörigkeit zu Krankenkassen und sonstigen Einrichtungen der socialen Gesetzgebung und der Bezüge aus denselben erzeugt wird.

3. Häufiges Vorkommen eines eigentlichen, namentlich in Großstädten sich ergebenden Proletariats, sogenannter Gelegenheitstagelöhner, und der gerade bei diesen vorkommenden Wohnungswechsel innerhalb des Stadtgebietes und der gerade hier so häufig zu beklagenden Lockerung der Familienbande und der Neigung, die öffentlichen Armenmittel mißbräuchlich in Anspruch zu nehmen.

4. Die gerade in Großstädten so häufige Trennung der Wohlfahrtspolizei und des Meldewesens von der Gemeindeverwaltung, welche zum Zwecke der Armenpflege und zwar namentlich auch behufs Feststellung der wirklichen Hilfsbedürftigkeit so häufig Erkundigungen bei anderen, mit der städtischen Verwaltung nicht in Verbindung stehenden Behörden nötig macht und andererseits für die Armenpflege wichtige, der Polizeibehörde bekannt werdende Vorkommnisse nicht so leicht zur Kentnis der Armenpflegeorgane gelangen läßt.

Wenn auch die Zahl der einem Armenpfleger zu überweisenden Unterstützungsfälle nach dem Vorbilde Elberfelds noch so gering bemessen wird, so werden doch sehr häufig bei derartigen für die Ausübung der Armenpflege bestehenden Schwierigkeiten schon zur Beurteilung der Hilfsbedürftigkeit Feststellungen nötig werden, welche über den Rahmen der ehrenamtlichen Thätigkeit hinausgehen. Wir rechnen hierzu alle Erkundigungen bei anderen Behörden. Es würde sich nicht erreichen lassen, hier stets dem einzelnen Armenpfleger ein williges Ohr und eine bereitwillige Auskunft zu verschaffen, wie auch gerade zur Einziehung solcher Erkundigungen stets eine gewisse Schulung und eine genauere Bekanntschaft mit anderweiten Bestimmungen, z. B. der der socialen Gesetzgebung, erheischt sein wird. Die Einziehung solcher Erkundigungen von der Centralstelle aus auf schriftlichem Wege würde das Schreibwerk ungemein vermehren und würde namentlich bei decentralisierter Einrichtung der Armenpflege auch weitaus zu viel Zeit in Anspruch nehmen. Bei centralisierter Verwaltung könnte zwar die vorherige Mitteilung an die Bezirke erspart werden; die selbst auf Grund solcher Ermittlungen erfolgenden Ablehnungen würden indes immerhin Verstimmungen hervorrufen, insofern sie die Unzulänglichkeit der Stellung der örtlichen ehrenamtlichen Organe allzusehr hervortreten ließen, namentlich aber dann, wenn der ablehnende Beschluß nicht entprechend eingehend motiviert würde. Bei decentralisierter Einrichtung des Armenwesens ist die rasche und vollständige Übermittlung derartiger Auskünfte um so notwendiger, je mehr die örtlichen Kollegien darauf angewiesen sind, wirklich zuverlässige und ausreichende Unterlagen für die Entscheidung über das Unterstützungsgesuch zu besitzen. Auch werden vielfach zu demselben Zwecke Mitteilungen aus den Akten der Centralverwaltung erforderlich sein.

In allen diesen Fällen kann die Thätigkeit von Berufsbeamten einem notwendigen Bedürfnisse wohl entsprechen. Denselben werden bestimmte, den Bezirken bekannt gegebene Arbeitsstunden auf dem Büreau der Centralverwaltung angewiesen, in welchen sie die Abhörbogen aufnehmen und die Akten ermitteln, während sie in den übrigen Stunden Recherchen auf den Polizeibüreaus, bei den Krankenkassen u. s. w. anstellen, das Ergebnis derselben sofort auf den Abhörbogen vermerken und letztere möglichst persönlich den Bezirksvorstehern überbringen. Eine förmliche Feststellung der Richtigkeit dieser Ermittlungsergebnisse kann, wo sie nötig erscheint, später noch durch die Registratur erfolgen. Es bilden diese örtlich verkehrenden Berufsbeamten dann gewissermaßen das wandernde Büreau der Bezirke und kann durch diese, wenn auch sachlich nicht eingreifende Thätigkeit der Zusammenschluß der ehrenamtlichen Organe mit der Centralstelle sehr wohl in günstiger Weise beeinflußt werden.

Grundsätzlich auszuschließen ist unseres Erachtens die Thätigkeit des örtlich verkehrenden Berufsbeamten bei Anstellung aller sonstigen Ermittlungen, da hier das Ehrenamt Rechte und ihm recht eigentlich zufallende Pflichten auszuüben hat. Dies gilt zunächst von der Einziehung des ärztlichen Gutachtens über die etwaigen auf körperliche Ursache sich zurückführenden Gründe der Hilfsbedürftigkeit. Hierbei gilt es die sachliche Entscheidung, welche wir durchaus dem Ehrenamte vorbehalten, im wesentlichen Teile vorzubereiten. Auch aus sonstigen Gründen, so namentlich wegen etwa nötiger Einwirkung auf Beseitigung gesundheitswidriger Zustände in der Lebenshaltung und der Wohnung des Armen, glauben wir die Pflege der innigsten Beziehung zwischen ehrenamtlichen Organen und dem Armenarzte, auf dessen häufige Teilnahme an den Bezirkssitzungen hinzuwirken ist, befürworten zu sollen. Wir würden es geradezu für nachteilig halten, diese Beziehung durch Zwischenschiebung eines Berufsbeamten zu schwächen.

Daß an erster Stelle stets der Ehrenbeamte eingreifen muß, wenn es sich um das Verhältnis zwischen den Hilfsbedürftigen und seinen nährpflichtigen Angehörigen handelt, wird schon daraus herzuleiten sein, daß die Vermittlung derartig gestörter Beziehungen und die sittliche Einwirkung recht eigentlich in das Gebiet der ehrenamtlichen Thätigkeit fällt; erst wenn böser Wille, nicht zu besiegende Gleichgültigkeit oder störrische Ablehnung zu Tage tritt, ist der Berufsbeamte mit den ferneren Schritten zu befassen. Ebensowenig ist ein Berufsbeamter der Regel nach am Platze, wenn es sich um Feststellung des Arbeitsverdienstes des Hilfsbedürftigen handelt. Es hieße die wirtschaftlichen Vorteile einer ehrenamtlichen Verwaltung der Armenpflege, welche, wenn richtig gehandhabt, auch die Anforderung einer sachgemäßen Sparsamkeit am meisten erfüllen wird, vollständig verkennen, wenn man den hierzu am meisten befähigten Ehrenbeamten die Einziehung der Erkundigungen bei den Arbeitgebern oder die Möglichkeit einer eingehenden Beurteilung der von diesen erfolgenden Angaben entziehen wollte. Die Fäden, welche den Armen noch in Verbindung halten mit der Möglichkeit der Beibehaltung eines Arbeitsverdienstes, sind außerdem nicht selten derart schwach, daß die Dazwischenkunft von vielfach belästigend empfundenen Erkundigungen eines Berufsbeamten sie in manchen Fällen zerreißen kann.

Auch wird es den Armenverwaltungen selten gelingen, durch die Vermittlung von Berufsbeamten ein Zusammenwirken mit Wohlthätigkeitsvereinen zu erzielen. Auch hier ist deren Mitwirkung durchaus auszuschließen, zumal es sich hierbei recht eigentlich um eine an der Hand des einzelnen Falles in eingehendster Weise zu erzielende Feststellung und Vermittlung handeln wird, bei welcher auch die Vorstände von Vereinen sich nicht so leicht auf eine Verhandlung mit Berufsbeamten einlassen werden.

Bei der eigentlichen verfügenden Thätigkeit muß ebenfalls die Mitwirkung des örtlich verkehrenden Berufsbeamten vollständig zurücktreten. Bei decentralisierter Einrichtung des Armenwesens würde durch diese Mitwirkung bei der Entscheidung über das Gesuch um Armenhilfe dem Ehrenamte das für diese Einrichtung wesentliche verantwortliche Entscheidungsrecht wieder entzogen oder doch thatsächlich beeinträchtigt.

Bei der centralisierten Einrichtung würde durch diese Mitwirkung auch der letzte Rest der Bedeutung der Bezirksthätigkeit und dadurch der Anreiz, den diese überhaupt noch für den Bürger enthalten kann, genommen.

Wir halten es daher für das Richtigste, dem örtlich verkehrenden Berufsbeamten den Besuch der Bezirkssitzungen überhaupt zu verbieten.

Die Erfahrungen bestätigen es durchweg, daß den an eine gehörige Protokollierung der Bezirksbeschlüsse und sogar den bei Auszahlung der Unterstützungen an die Pfleger sofort in der Sitzung, in rechnerischer Beziehung zu stellenden Anforderungen auch bei lediglich ehrenamtlicher Wahrnehmung dieser Geschäfte durchaus entsprochen werden kann.

Aus den angeführten Gründen würden wir es auch nicht für richtig halten können, dem bereits für größere Armenverwaltungen ins Auge gefaßten Plane der Anstellung von besoldeten Armenbezirksvorstehern näher zu treten, da auch bei einer solchen Einrichtung das Ehrenamt zu sehr zurückgedrängt werden würde. Die Möglichkeit der Gewinnung auch Angehöriger der höheren Stände, deren Mitbeteiligung an der örtlichen Armenpflege wir für durchaus zweckmäßig ja notwendig halten, würde durch eine solche Einrichtung, bei welcher ja doch wohl nicht an Personen, welchen der Rang der Magistratsmitglieder beizulegen wäre, zu denken wäre, jedenfalls sehr beinträchtigt werden.

Die nachträglichen, insbesondere die kontrollierenden Verrichtungen der örtlichen Armenpflege sind zunächst mit Bezug auf das reine Elberfelder System ins Auge zu fassen. Die Möglichkeit, eine Kontrolle über den Armen auszuüben, ist dem einzelnen Pfleger bei der Beschränktheit seiner nur auf wenige Unterstützte erstreckten Aufgabe gegeben. An dem Pflichtgefühl und dem Eifer des Pflegers fehlt es erfahrungsmäßig dort selten. Untüchtige Elemente werden im Einverständnisse mit den übrigen Mitgliedern der Bezirksarmenpflege leicht ausgestoßen.

Abgesehen von der auch nach den Akten und den eingereichten Abhörbogen von der Centralstelle auszuübenden, mehr auf kalkulatorische Berechnungen oder Beobachtung gewisser Formvorschriften zu richtenden Kontrolle würde es sich hierbei in der Regel nur um grundsätzliche Auffassungsverschiedenheiten handeln.

Zur Schlichtung solcher Fragen dienen hervorragend, außer den Rücksprachen, sei es durch den Vorsitzenden der Centralverwaltung, sei es durch ehrenamtliche Mitglieder dieser Verwaltung, die nach dem Vorbilde Elberfelds einzurichtenden Bezirksrevisionssitzungen.

Eine noch größere Armenverwaltung wird darauf verzichten müssen, mit sämtlichen Bezirken alljährlich solche Sitzungen abzuhalten, kann aber durch entsprechende Auswahl der zu revidierenden Bezirke oder durch Teilung der Centralbehörde in einzelne unter Zuziehung von Bezirksvorstehern kollegialisch gebildete Abteilungen diesem besonderen Zwecke immerhin ausreichend entsprechen. Daß auch gegenüber dem Ehrenamte auf strikteste Befolgung der aus Anlaß solcher Revisionen entstehenden Beschlüsse zu halten ist, so lange die Verhältnisse, unter welchen dieselben entstanden sind, im wesentlichen unverändert bestehen, ist selbstredend und wird um so leichter werden, je mehr einsichtigere Elemente bei der Bezirksarmenpflege beteiligt sind. In diesen Sitzungen muß stets bei den zur Erörterung gelangenden Fällen der betreffende Armenpfleger um Darstellung auch des örtlichen Befundes bei Prüfung der Verhältnisse der Unterstützten ersucht werden. Auch sonstig muß von der Centralbehörde stets darauf gehalten werden, daß die ehrenamtlichen Organe die Unterstützten in ihren Wohnungen häufig besuchen. Am eindringlichsten wird diese Pflicht den Armenpflegern vorgeführt, wenn man darauf hält, daß der Elberfelder Vorschrift entsprechend der Armenpfleger die Unterstützung dem Armen nur in dessen Wohnung einhändigt. Diese Pflicht des Besuches der Armen, der sich die Armenpfleger in der Regel schon von selbst unterziehen, muß derart streng gehandhabt werden, daß bei etwaigen Hinterziehungen von Unterstützungsgeldern, welche auf Nichtbeachtung dieser Vorschrift zurückzuführen sein würden, unnachsichtlich der betreffende Armenpfleger für die Folgen verantwortlich gemacht werden muß.

Ausnahmen können etwa nur in besonderen Fällen zugelassen werden, so dann, wenn etwa der Arme in einem berüchtigten Hause wohnen sollte und der Armenpfleger, dessen hervortretende Rücksichtnahme auf seine bürgerliche Stellung stets zu schonen sein wird, wünschen sollte, des Besuches überhoben zu sein. Hier wird, so lange ein solches Wohnungsverhältnis besteht, ausnahmsweise ein geeigneter Beamter mit der Kontrolle zu beauftragen sein.

Eine eingehende örtliche Kontrollführung durch Berufsbeamte wird erfahrungsgemäß bei größeren Armenverwaltungen dann wünschenswert erscheinen, wenn dieselben einen besonderen Wert auf möglichst eingehende statistische Verarbeitungen der Ergebnisse ihrer Verwaltung legen. Diese Rücksicht scheint bei der Armenverwaltung Dortmunds, deren Verwaltungsberichte sich ganz besonders durch eine sorgfältige statistische Bearbeitung auszeichnen, mitbestimmend gewesen zu sein für die dort eingeführte intensive örtliche Kontrolle der Unterstützten durch Berufsbeamte.

Wenn man es für richtig hält, den Abhörbogen durch Berufsbeamte aufnehmen zu lassen, so folgt daraus allerdings noch nicht ohne weiteres, daß nun auch dieser Beamte verpflichtet ist, eine laufende Kontrolle über die Armen dahin auszuüben, daß ihm keine zur Richtigstellung des Abhörbogens Veranlassung gebende Veränderung der Verhältnisse entgeht.

Es können auch die ehrenamtlichen Pfleger verpflichtet werden, jede derartige Veränderung kurz schriftlich anzuzeigen, oder in den Sitzungsprotokollen unter Einsendung des Abhörbogens darauf hinzuweisen, so daß dann lediglich auf dem Bureau die Veränderung eingetragen wird. Andererseits ist allerdings nicht zu verkennen, daß dem Berufsbeamten die Kurrenthaltung der Abhörbogen sowie eines etwa die wesentlichen Angaben derselben übersichtlich ergebenden, bei der Centralstelle zu führenden und für viele wichtige Zwecke sehr verwendbaren Kartenapparates überaus erleichtert sein kann, wenn er hierbei durch eigene Kenntnis der örtlichen Verhältnisse unterstützt wird. Trotzdem möchten wir es nicht für richtig halten, solchen Berufsbeamten die allgemeine Dienstvorschrift der Ausübung einer laufenden Kontrolle der Unterstützten aufzutragen. Es genügt, — alles in der Voraussetzung, daß auch aus den in unseren vorausgegangenen Darlegungen angegebenen Gründen überhaupt die Anstellung solcher örtlich verkehrender Berufsbeamten notwendig ist — denselben das Recht zu geben, auch örtliche Untersuchungen zum Zwecke der Richtighaltung des Kartenapparates vorzunehmen. Soweit diese Untersuchungen aber über das bei Ermittlung der Verhältnisse von den Berufsbeamten einzuhaltende Maß herausgehen müßten, würde ein speciell einzuholender Auftrag der Hauptverwaltung vorausgehen und der Regel nach ein Zusammenwirken mit den örtlichen Ehrenbeamten dabei stattfinden müssen. Unter allen

Umständen würden aber die schriftlich festzustellenden Ermittlungsergebnisse richtigerweise vor weiterer Verwendung den örtlichen Ehrenbeamten mitgeteilt werden, damit diese ihrerseits eine örtliche Nachprüfung derselben vornehmen können.

Dasselbe Verfahren wird zweckmäßig eingehalten, wenn dem örtlich verkehrenden Berufsbeamten bei den demselben aufzutragenden Verhandlungen mit nährpflichtigen Angehörigen des Unterstützten Thatsachen bekannt werden, welche auf die Frage der Fortgewährung oder Bemessung der Unterstützung von Einfluß sein können.

Wenn aber, wie dies erfahrungsmäßig häufiger vorkommt, die örtlichen Ehrenbeamten selbst die Thätigkeit der Berufsbeamten zu schwierigeren, aber an und für sich in ihr eigenes Thätigkeitsgebiet einschlagenden Ermittlungen in Anspruch nehmen, so halte man ein wachsames Auge darüber, daß nicht etwa diese Inanspruchnahme eine Verschiebung der bereits mitgeteilten Grenzen des beiderseitigen Pflichtenkreises herbeiführt. Wir legen auf Feststellung dieser Unterscheidung auch bei diesen Anlässen um deswillen Gewicht, weil wir es für nötig halten alles zu vermeiden, was auch mittelbar das Ehrenamt aus derjenigen Stellung bei Ausübung der örtlichen Armenpflege herausdrängen könnte, welche wir nach unseren vorherigen Darlegungen für nötig halten, und bei welcher wir in erster Stelle Gewicht darauf legen, daß der Ehrenbeamte sich stets der eigenen Verantwortlichkeit für die Ausübung der Armenpflege in dem ihm überwiesenen örtlichen Bereiche bewußt bleibe.

Gerade bei decentralisierter Einrichtung des Armenwesens haben wir allerdings die Erfahrung gemacht, daß die Berufsfreudigkeit der örtlichen ehrenamtlichen Organe durch die Mitwirkung örtlich verkehrender Berufsbeamten weniger beeinträchtigt wird.

Wir möchten hier wiederholt auch auf das Beispiel der Stadt Dortmund Bezug nehmen. Es werden auch bei der ausgiebigsten Kontrolle der Armen durch Berufsbeamte Verstimmungen verhindert, wenn den örtlichen Ehrenbeamten das Entscheidungsrecht, also auch das Befinden über etwaige auf das Gebiet der sachlichen Beurteilung übergreifende Äußerungen des Berufsbeamten vorbehalten wird und es dem Bezirke stets möglich bleibt, über den Kopf des Berufsbeamten hinweg das Eingreifen der sich in ihren Entscheidungen auf die Mitwirkung einer Vertretung der örtlichen Ehrenorgane stützenden Centralstelle anzurufen. Ähnliche Erfahrungen liegen ja auch in England vor, wo nach dem Ausspruche in Aschrotts hochbedeutendem Werke: „Das englische Armenwesen in seiner historischen Entwicklung und in seiner heutigen Gestalt, Leipzig 1886" im Wege der Gesetzgebung eine den rationellen Grundsätzen des Armenwesens entsprechende Handhabung wesentlich erreicht worden ist durch ein Zusammenwirken von besoldeten und Ehrenbeamten in der Lokalverwaltung und durch die Einsetzung einer Centralbehörde, welche nicht nur beaufsichtigend über das gleichmäßige Festhalten an den Principien wacht, sondern auch aufklärend und anregend auf die Gesamtverwaltung wirkt.

Jene Erfahrungen haben es bei der von dem Verfasser geleiteten Armenverwaltung unbedenklich erscheinen lassen, bei bestimmten Anlässen,

Ehrenamtliche und berufsamtliche Thätigkeit in der städtischen Armenpflege. 63

in welchen Zweckmäßigkeitsgründe eine ausgiebigere Verwendung des Berufsbeamten zu erheischen schienen, eine gewisse Ausnahme von den sonst hierbei eingehaltenen Grenzen eintreten zu lassen.

Es sind dies namentlich die Fälle, in welchen von den Aufsichtsbehörden, sei es infolge von Beschwerden Armer, sei es mit Rücksicht auf Gesuche um Zuwendungen aus dem sogenannten Almosenfonds der königlichen Regierung, Berichterstattung über die Verhältnisse derartiger Bittsteller verlangt wird. Diese Fälle, insbesondere die der letzteren Art, kommen infolge des hierbei einwirkenden Gewerbebetriebes von Winkelschreibern überaus häufig vor, so daß alljährlich kaum weniger als 1000 derartige Berichte zu erstatten sind.

Es erschien richtiger, die Ehrenbeamten mit dem hieraus sich ergebenden, auch denselben zweckmäßig überhaupt nicht aufzutragenden Schreibwerke nicht zu befassen. Diese Berichte, in welchen stets auch die Frage des etwaigen Eintretens der öffentlichen Armenpflege zu erörtern ist, zumal die ebenfalls bei Gesuchen um Zuwendungen aus dem Almosenfonds von der diesen Fonds verwaltenden Stelle zur Äußerung veranlaßten Organe der königlichen Polizeiverwaltung die hierzu nötigen Unterlagen nicht besitzen, müssen sich auf die gesamten Verhältnisse der Gesuchsteller und namentlich auch auf deren sonstige Einnahmequellen erstrecken. Es wird dazu die Vornahme einer örtlichen Prüfung erforderlich; es sind die Berufsbeamten aber angewiesen, ihre Berichte vor Abgabe an die Centralverwaltung den Ehrenbeamten vorzulegen und deren Anschauungen zugleich zum Ausdruck zu bringen.

Bei Berichten auf Beschwerden Armer werden die ehrenamtlichen Organe stets noch um Nachprüfung und schriftliche Begutachtung ersucht.

Aus diesem Verfahren haben sich Verstimmungen der örtlichen ehrenamtlichen Organe nie ergeben. Wir dehnen dasselbe trotzdem nicht aus und machen überhaupt von der Verwendung des Berufsbeamten zu örtlichen Untersuchungen über das vorerörterte Grenzgebiet hinaus fast gar keinen Gebrauch, weil wir, wie bereits hervorgehoben, darauf Wert legen, den Pflichtenkreis des Ehrenbeamten nicht zu verschieben.

Die Einrichtungen der englischen Armenpflege, welche allerdings den Nachweis liefern, daß die Mitverwendung von örtlich verkehrenden Berufsbeamten ohne Beeinträchtigung der Berufsfreudigkeit der Ehrenbeamten in der Armenpflege möglich ist, dürften aus dem Grunde nur mit Vorsicht nachzuahmen sein, weil eben England, namentlich in seinen Großstädten, das Hauptgewicht auf die geschlossene Armenpflege legt und von dem Ehrenbeamten der Armenpflege nicht die vollen Dienste beansprucht, welche das Elberfelder System zu einer weitergehenden Förderung des Gemeinwohls demselben auferlegt.

Bei centralisierter Einrichtung der Armenpflege sind die Aufgaben einer örtlichen Kontrolle in etwa anderweit zu bestimmen.

Wie die Centralverwaltung, welche die Gesuche um Armenhilfe selbst entscheiden will, stets genauer über die Einzelheiten eines jeden Falles unterrichtet sein muß, als dies bei decentralisierter Form der Armenpflege erforderlich ist, so wird sie naturgemäß in verstärktem Maße das Bedürfnis empfinden, auch fernerhin über die Verhältnisse der Unterstützten informiert zu bleiben.

Daher entsteht in Städten dieser Armenpflegeeinrichtung eine häufigere Anforderung von Berichten seitens der örtlichen Organe. Diese Berichte müssen umso eingehender abgefaßt werden, je weniger der mit der Entscheidung befaßten Centralstelle die Personen und örtlichen Verhältnisse bekannt sind. Die äußere Nachahmung der Elberfelder Form mittelst Gliederung der örtlichen Organe in Bezirke kann zwar eine Einschränkung dieser Obliegenheiten der örtlichen Ehrenorgane herbeiführen, jedoch wird dies nur dann der Fall sein können, wenn sei es auch nur nach der praktischen Handhabung, eine der bereits erwähnten Übergangsformen zwischen beiden Systemen thatsächlich besteht.

Die Berichte der größeren Mehrzahl der angefragten Städte mit centralisierter Armenpflegeeinrichtung betonen indes die Notwendigkeit einer allgemeinen und laufenden berufsamtlichen Kontrolle der Unterstützten, indem sie zum Teil auf die Mangelhaftigkeit der Leistungen und der Berichte der ehrenamtlichen Pfleger, sogar zum Teil ausdrücklich auf deren Unzuverlässigkeit hinweisen.

Der letztere Hinweis könnte als eine schwere Anklage aufgefaßt werden, hat aber unseres Erachtens einen notwendigen inneren Grund.

Bei dem centralisierten System ist die Verantwortlichkeit des ehrenamtlichen örtlichen Pflegers eine wesentlich eingeschränkte, das volle Gefühl der Verantwortlichkeit und die Aufgabe der Wahrung des öffentlichen Interesses konzentrirt sich naturgemäß fast ausschließlich bei der Centralstelle.

Wer centralisierte und decentralisierte Armenverwaltungen näher kennen zu lernen Gelegenheit hatte, wird auch gefunden haben, daß bei jenen die Armenpfleger sich in der Regel ausschließlich als Anwälte der Armen betrachteten und es stets vorzogen, zweifelhafte Gesuche der Hauptverwaltung einzureichen, als sich selbst in Wahrung auch der öffentlichen Interessen für deren sofortige Ablehnung auszusprechen.

In einer nach diesem Systeme eingerichteten Armenverwaltung wird sich daher auch der ehrenamtliche Pfleger weitaus schwerer in die Auffassung, nicht allein Helfer, sondern auch selbst Kontrolleur der Armen zu sein, hineinleben und wird eben um deswillen seltener sich innerlich verpflichtet fühlen, der hauptsächlich verantwortlichen Centralverwaltung alles dasjenige sofort mitzuteilen, was „gegen" den Armen spricht und zur Verminderung oder gar Entziehung der Unterstützung führen könnte.

Die mitgeteilte Zusammenstellung der Auskünfte über unsere Frage bestätigt das Gesagte in einer bestimmten Richtung geradezu schlagend. Während von den Städten mit decentralisierter Armenpflegeeinrichtung nur wenige und zwar eigentliche Großstädte örtlich verkehrende Berufsbeamte verwenden, finden wir, daß von den Auskünften der Städte mit centralisierter Armenpflege die Mehrzahl über die bereits erfolgte Anstellung von eigentlichen Kontrolleuren lautet, oder doch deren Anstellung für notwendig und erwünscht hält. Von Städten der letztgedachten Armenpflegeeinrichtung haben schon mehrere von weniger als 40 000 Einwohnern und überhaupt viele Mittelstädte die Einstellung von solchen Beamten als notwendig anerkannt. Es werden sogar, wie u. a. aus der als Anlage 1 hier beigefügten Dienstanweisung für den Armenaufseher der Stadt Freiburg hervorgeht, die Obliegenheiten und die Stellung dieser Berufsbeamten in das unbestreitbare Gebiet des Ehrenamtes hineinverlegt. Reibungen mit dem Ehrenamte werden allerdings durch vorsichtige Vorschriften und eine umsichtige Handhabung derselben vermieden werden können, zumal dann, wenn solche Kontrolleure, wie dies in Bremen der Fall ist und wie dies auch durch die als Anlage 2 hier beigefügte Dienstanweisung für die Armenkontrolleure der Stadt Bochum geschieht, dem Ehrenamte unterstellt werden, ein System, durch welches andererseits wieder der Nachteil einer Schwächung des Gefühles der eigenen Verantwortlichkeit bei dem Pfleger entstehen kann.

Die Thesen des Korreferenten sind:
1. Die örtliche Armenpflege ist in der Regel lediglich durch ehrenamtliche Kräfte auszuüben.
2. Eine allgemeine Ausnahme von dieser Regel ist nur bei den in Großstädten sich für die Ausübung der Armenpflege ergebenden Schwierigkeiten und auch nur insoweit zuzulassen, als den dann neben den Ehrenbeamten zu verwendenden Berufsbeamten eine Unterstützung der ehrenamtlichen örtlichen Organe durch Einziehen von Auskünften bei Behörden und die Vorbereitung der zwangsweisen Verfolgung der Ansprüche gegen nährpflichtige Personen aufzutragen ist.
3. Falls in besonderen Fällen auch eine sonstige Mitwirkung von Berufsbeamten bei der örtlichen Armenpflege zweckmäßig erscheint, ist diese nur insoweit und nach Prüfung jedes einzelnen Falles zuzulassen, als dadurch eine Gefährdung der Berufsfreudigkeit und des Verantwortlichkeitsgefühles der ehrenamtlichen Organe nicht entstehen kann. Auch ist diese Thätigkeit der Berufsbeamten auf thatsächliche Feststellungen zu beschränken und sind letztere vor weiterer Benutzung den ehrenamtlichen Organen zur Nachprüfung mitzuteilen.
4. Falls in einer Mehrheit der Fälle die Amtsführung der ehrenamtlichen Armenpflegeorgane sich als eine unzureichende herausstellt, so ist vor allem eine Revision der Einrichtung des Armenwesens und der Handhabung derselben dahin vorzunehmen, daß auch tüchtigere Mitglieder der Bürgerschaft mit voller Berufsfreudigkeit sich den Ehrenämtern der Armenpflege zu widmen vermögen.

Anlage 1.

Instruktion für den Armenkontrolleur.

§ 1.

Der Armenkontrolleur hat die Pflicht, eine stete und wachsame Aufsicht zu führen über alle diejenigen, welche Armenunterstützung beziehen. Zu diesem Zwecke muß er sich angelegen sein lassen, die Vermögens-, Arbeits-, Wohnungs-, Familien- und Gesundheitsverhältnisse dieser Personen möglichst genau kennen zu lernen, um hierüber jederzeit Auskünfte geben zu können.

Treten Änderungen in den Verhältnissen solcher Personen ein, die eine Einstellung oder Verminderung der Unterstützung zur Folge haben können (z. B. Erbschaft, Erhöhung des Arbeitsverdienstes, Tod eines Kindes, Wiederverheiratung u. s. w.), so hat der Kontrolleur sofort Anzeige zu erstatten.

§ 2.

Derselbe hat ferner bei neuen Anträgen auf Gewährung von Unterstützung, bei Anträgen auf Erhöhung der seither bezogenen, bei Einleitung des Zwangserziehungsverfahrens gegen jugendliche Personen u. s. w., nach jeweiliger Anordnung die erforderlichen Erhebungen zu machen.

§ 3.

Derselbe hat weiter die neu hier anziehenden Personen und Familien, deren Vermögens-, Gesundheits- und Erwerbsverhältnisse die Befürchtung einer baldigen Verarmung rechtfertigen, zu überwachen und vierteljährlich Bericht hierüber zu erstatten. Zu diesem Behufe erhält derselbe die vom Meldebureau zu fertigenden Quartalauszüge aus der Liste der hier anziehenden Personen ausgehändigt.

§ 4.

Derselbe ist endlich verpflichtet, sich allen mit der Verwaltung des Armenwesens zusammenhängenden Bureau- und sonstigen Geschäften zu unterziehen: insbesondere hat er alle Aufträge des Stadt- und Armenrats bezw. deren Vorsitzenden pünktlich zu vollziehen.

§ 5.

Alle Meldungen des Aufsehers sind, wenn nicht für den einzelnen Fall mündliche Auskunft angeordnet wird, schriftlich zu erstatten.

§ 6.

Der Armenrat bezw. Stadtrat kann außerdem noch dem Aufseher die Funktionen eines Armenpflegers oder Bezirksvorstehers übertragen.

§ 7.

Diese Instruktion, welche alsbald mit Genehmigung des Stadtrats in Kraft tritt, kann jederzeit frei durch letzteren abgeändert oder ergänzt werden.

Freiburg i. Br., den 16. Oktober 1889.

Anlage 2.

Dienſtinſtruktion für die in der Armenverwaltung der Stadt Bochum beſchäftigten Armenaufſeher.

Die Armenaufſeher, welche weſentlich die Aufgabe haben, den Armenbezirksvorſtehern und Armenpflegern in der Überwachung der hieſigen, ſowie der auf dieſſeitige Koſten in den benachbarten Gemeinden unterſtützten Armen durch perſönliche Recherchen an Ort und Stelle zur Seite zu ſtehen, haben in der Erfüllung ihrer Amtspflichten die nachſtehende Inſtruktion zu befolgen.

§ 1.

Die Armenaufſeher verbleiben täglich morgens von 8—9 und nachmittags von 2—3 Uhr im ſtädtiſchen Armenbureau, während welcher Zeit ſie ſich zur Verfügung der Bezirksvorſteher und Armenpfleger, die ſich mündlich mit ihnen benehmen wollen, aufhalten und haben auch etwa von ihnen beſtellte Almoſenempfänger, welche ihnen Mitteilungen zu machen haben, in dieſer Zeit im Armenbureau abzufertigen.

§ 2.

Wenn ein Hilfsbedürftiger die Verabfolgung von Unterſtützung beantragt hat und dieſer Antrag an den betreffenden Bezirksvorſteher abgegangen iſt, ſo iſt von dieſem der Antrag einem Armenpfleger zuzuſtellen, welcher in der Wohnung des Antragſtellers die Perſonalien aufzunehmen hat. Falls die Ausfüllung des Abhörbogens, namentlich die Ermittlung des Einkommens oder der alimentationspflichtigen Verwandten durch den Armenpfleger dieſem nur durch beſonderen Zeitaufwand oder Mühewaltung möglich ſein ſollte, ſo ſetzt er auf den Unterſtützungsantrag den Vermerk: „nähere Unterſuchung und Feſtſtellung erforderlich", worauf dann ſeitens eines Armenaufſehers ſchnellmöglichſt, jedenfalls vor der nächſten Bezirksverſammlung, dem Armenpfleger reſp. dem Armenbezirksvorſteher eventuell unter mündlicher genauer Erläuterung die erforderliche Mitteilung zu machen iſt.

§ 3.

Die Armenaufſeher haben außerdem auf Verfügung der Centralverwaltung die Verhältniſſe der Unterſtützten an Ort und Stelle näher zu unterſuchen. Über die gewährte Unterſtützung reſp. deren Wiedereinziehbarkeit von den Unterſtützten, deren Angehörigen, Arbeitgebern, Krankenunterſtützungskaſſen und ſonſtigen in der Haushaltung befindlichen arbeitsfähigen Angehörigen haben dieſelben in der ſorgfältigſten Weiſe nähere Feſtſtellungen zu machen.

§ 4.

Die Armenaufſeher haben ferner zu ermitteln, ob die zu unterſtützenden Perſonen bereits früher eventuell wann und für Rechnung welches auswärtigen Armenverbandes unterſtützt worden ſind.

§ 5.

Bei Feststellung der persönlichen Verhältnisse sind auch die Arbeitsstellen genau zu ermitteln, hinsichtlich derjenigen Personen, welche auf großen Werken, z. B. dem Bochumer Verein, arbeiten, auch die besonderen Werkstätten, in denen sie bisher beschäftigt sind, anzugeben.

Ebenso sind die bisherigen Löhne nach eingeholter Erkundigung von der Arbeitsstätte genau festzustellen.

§ 6.

Die in der Armenpflege befindlichen Personen werden, soweit dieselben durch den zuständigen Armenpfleger, Bezirksvorsteher oder den Vorsitzenden der Armenverwaltung besonders bezeichnet werden oder insofern es die Aufseher nach selbstgemachten Wahrnehmungen für erforderlich halten, öfter revidiert. Sollten besondere Fälle zu einer außerordentlichen Revision Veranlassung geben, so ist dies auf dem Armenbureau besonders zu beantragen; dieselbe bedarf indessen vor der Ausführung der Zustimmung des ständigen Armenbezirksvorstehers. Über den Revisionsbefund ist nach dem gegebenen Formular ausführlicher Bericht zu erstatten.

§ 7.

Sollten die Armenaufseher ohne besonderen Auftrag zur Revision der einzelnen Armen Veranlassung finden, so ist solches dem zuständigen Armenbezirksvorsteher vorher mitzuteilen und diesem bezw. dem betreffenden Armenpfleger zu überlassen, sich an dem Besuche zu beteiligen.

§ 8.

Über die Aufträge zu den Revisionen führen die Armenaufseher ein besonderes Revisionsjournal, welches folgende Rubriken enthält:
    a. fortlaufende Nummer,
    b. Name des Auftraggebers,
    c. Tag der Auftragserteilung,
    d. Name des Armen,
    e. Bezeichnung des Gegenstandes der speciellen Recherche,
    f. Tag und Stunde der Erledigung,
    g. Ergebnis der Revision.

§ 9.

Die Armenaufseher haben die Verhältnisse der alimentationspflichtigen Verwandten der Unterstützten zu erforschen und dieselben zu Beiträgen anzuhalten. Sie besorgen die Einholung der Unterstützungsbeiträge persönlich in kurzen Zeitabschnitten je nach Lage des Falles und stellen eventuell bei der Verwaltung ihre Anträge auf Erhöhung oder Ermäßigung des Beitrages.

§ 10.

Sie machen der Verwaltung Mitteilung, wenn ihnen Personen bekannt werden, die früher erhaltene Unterstützungen infolge günstig veränderter Einkommensverhältnisse zurückerstatten können.

§ 11.

Die Armenaufseher haben der Verwaltung und den betreffenden Armenbezirksvorstehern und Pflegern unverzüglich Mitteilung zu machen, wenn bei den Unterstützten Zustände eintreten, oder Ungehörigkeiten vorkommen, welche die Einstellung der Spende oder eine Ermäßigung derselben bedingen, oder wenn ihnen Umstände bekannt werden, die eine besondere Berücksichtigung der betreffenden Armen als erforderlich erscheinen lassen. Namentlich sind diejenigen in der Armenpflege befindlichen Personen, welche die Unterstützung aus Veranlassung von Krankheiten, die in den einzelnen Familienräumen behandelt werden, erhalten, in Bezug auf den Verlauf der Krankheit und des gesamten Verhaltens unausgesetzt zu kontrollieren, und ist mit Strenge darauf zu sehen, daß Simulationen unterbleiben.

§ 12.

Die Armenaufseher ermitteln die den unter Vormundschaft zu stellenden Kindern nahestehenden Personen, welche sich als Vormund u. s. w. eignen, wenn vom Bezirk solche Ermittlung nicht gemacht sein sollte. Ebenso müssen dieselben behilflich sein, geeignete Pflegeeltern, Dienstherrschaften, Lehrmeister für die Pflege- oder Waisenkinder zu ermitteln, und haben sie dafür zu sorgen, daß die in die Lehre eingestellten Pflege- oder Waisenkinder der Ortskranken- oder einer sonstigen Unterstützungskasse überwiesen werden, soweit dies nach den bestehenden gesetzlichen Bestimmungen möglich ist.

§ 13.

Bei dem Absterben der Unterstützten haben die Armenaufseher die Hinterlassenschaft derselben zu sichern, das Mobiliar zu inventarisieren und zu taxieren und dasselbe nach Anweisung der Armenverwaltung an einen sichern Ort zur Aufbewahrung zu bringen.

§ 14.

Die Armenaufseher sind verpflichtet, für die in der Armenpflege befindlichen Personen Arbeitsgelegenheit zu ermitteln und arbeitslosen Hilfsbedürftigen solche zuzuweisen. Sie haben auch diejenigen Personen zu kontrollieren, welche seitens der Armenverwaltung der Stadt zur Beschäftigung überwiesen sind.

§ 15.

Die Armenaufseher erledigen überhaupt alle Aufträge, welche denselben von der städtischen Armenverwaltung erteilt werden.

Bochum, den 26. Mai 1887.

Die Verwaltung des Armenwesens.

Pierer'sche Hofbuchdruckerei. Stephan Geibel & Co. in Altenburg.

Printed by Libri Plureos GmbH
in Hamburg, Germany